Jan Stewart

Wut-Workout

Produktiver Umgang mit Wut

Verlag an der Ruhr

Impressum

Titel der deutschen Ausgabe
Wut-Workout
Produktiver Umgang mit Wut

Titel der amerikanischen Originalausgabe
The Anger Workout Book For Teens

© der amerikanischen Originalausgabe
Jalmar Press 2002, P.O. Box 1185, Torrance, California 90505

Autor
Jan Stewart

Illustrationen
Magnus Siemens

Übersetzung
Bettina Röhricht

Bearbeitung für Deutschland

Verlag an der Ruhr
Mülheim an der Ruhr
www.verlagruhr.de

Geeignet für die Altersstufen 10–17

Für Jack
Wütend zu sein ist nichts Schlechtes,
doch man sollte positiv damit umgehen.
Denn Wut ist keine Entschuldigung dafür,
jemandem wehgetan zu haben.

Unser Beitrag zum Umweltschutz:
Wir sind seit 2008 ein ÖKOPROFIT®-Betrieb und setzen uns damit aktiv für den Umweltschutz ein. Das ÖKOPROFIT®-Projekt unterstützt Betriebe dabei, die Umwelt durch nachhaltiges Wirtschaften zu entlasten.
Unsere Produkte sind grundsätzlich auf chlorfrei gebleichtes und nach Umweltschutzstandards zertifiziertes Papier gedruckt.

Urheberrechtlicher Hinweis:
Das Werk und seine Teile sind urheberrechtlich geschützt. Jede Verwendung in anderen als den gesetzlich zugelassenen Fällen bedarf der vorherigen schriftlichen Einwilligung des Verlages. Im Werk vorhandene Kopiervorlagen dürfen vervielfältigt werden, allerdings nur für jeden Schüler der eigenen Klasse/des eigenen Kurses. Die dazu notwendigen Informationen (Buchtitel und Verlag) haben wir für Sie als Service bereits mit eingedruckt. Diese Angaben dürfen weder verändert noch entfernt werden. Die Weitergabe von Kopiervorlagen oder Kopien (auch von Ihnen veränderte) an Kollegen, Eltern oder Schüler anderer Klassen/Kurse ist nicht gestattet.
Bitte beachten Sie bzgl. digitaler Kopien die Informationen unter schulbuchkopie.de.
Der Verlag untersagt ausdrücklich das Herstellen von digitalen Kopien, das digitale Speichern und Zurverfügungstellen dieser Materialien in Netzwerken (das gilt auch für Intranets von Schulen und sonstigen Bildungseinrichtungen), per E-Mail, Internet oder sonstigen elektronischen Medien.
Kein Verleih. Keine gewerbliche Nutzung.
Zuwiderhandlungen werden zivil- und strafrechtlich verfolgt.

© der deutschen Ausgabe
Verlag an der Ruhr 2003
ISBN 978-3-86072-751-5

Printed in Germany

Inhaltsverzeichnis

	Einleitung	6–8
	Liebe Wut-Worker!	9
Workout 1	Die persönliche Wut-Skala	10/11
Workout 2	Warum bist du wütend?	12–15
Workout 3	Nutze deine Wut	16/17
Workout 4	Dein Körper spricht mit dir	18/19
Workout 5	Wie reagierst du?	20–23
Workout 6	Wie wirst du wütend?	24–28
Workout 7	Tagebuch führen	29/30
Workout 8	Was läuft hier schief?	31–33
Workout 9	Drei Wut-Stufen	34/35
Workout 10	Der Wut-Fragebogen	36–39
Workout 11	Der Wut-Fitness-Test	40–43
Workout 12	Trainiere dein Mundwerk	44/45
Workout 13	Aufbautraining	46/47
Workout 14	Passiv-aggressive Wut	48–50
Workout 15	Konsequenzen von Wut	51/52
Workout 16	Live-Reportage	53
Workout 17	Medien-Recherche	54–56
Workout 18	Das Halbzeitspiel	57–63
Workout 19	Der Wut-Tunnel	64/65
Workout 20	Die Mr.-Kessel-Strategien	66–68
Workout 21	Die richtige Reaktion	69/70
Workout 22	Das Geduld-Prinzip	71–73
Workout 23	Erste Hilfe bei Wut	74
Workout 24	Ein Vertrag mit dir selbst	75/76
Workout 25	Hör doch mal zu!	77/78
Workout 26	Das Fairness-Prinzip	79/80
Workout 27	Verteidigungsstrategien	81/82
Workout 28	Wut-Altlasten abbauen	83/84
Workout 29	Lass deine Wut raus	85/86
Workout 30	Nimm dir eine Auszeit	87
Workout 31	Wo bekomme ich Hilfe?	88
Workout 32	Löse deine Probleme	89–91
Workout 33	Dein Beraterteam	92/93
Workout 34	Persönliches Gleichgewicht	94/95
Workout 35	Träume verwirklichen	96/97
Workout 36	Dein Trainingsplan	98/99
Workout 37	Der Hürdenlauf	100–104
Workout 38	Dein großes Finale	105–107
	Literaturtipps	108

Einleitung

Aufbau des Buches

Das „Wut-Workout" besteht aus 38 „Workouts" für Jugendliche. Zu jedem Workout gehören Kopiervorlagen für Arbeitsseiten sowie Infoseiten für den Trainer, mit deren Hilfe der Lehrer oder der Verantwortliche die Workouts gestalten kann. Bei den Übungen werden viele verschiedene Arbeitsmethoden berücksichtigt, wie z.B. Einzel- und Gruppenarbeit, Rollenspiele, Zeichnen oder Spiele. Anhand dieser verschiedenen Methoden lernen die Jugendlichen **Strategien zum Wut-Management** und auch, wie sie diese anwenden können. Alle Workouts sind nach dem folgenden Schema aufgebaut:
- Vorbereitung,
- Lernziele,
- Fragen für Diskussionen,
- Aktivitäten zur Umsetzung des Lernstoffs,
- Aktivitäten zur weiteren Vertiefung.

Das „Wut-Workout" wurde mit dem Ziel entwickelt, **Jugendlichen zu vermitteln, mit ihrer Wut positiv umzugehen.** In diesem Buch werden viele Analogien und Begriffe aus dem Sportbereich verwendet, um den Stoff für Jugendliche interessanter und verständlicher zu machen. Sehr viele Jugendliche interessieren sich für Sport. Die Analogien sind deshalb geradezu ideal, sie zu motivieren und ihnen Spaß am Lernen zu vermitteln.

Das Thema „Wut"

Wut hat Einfluss auf das Leben aller Menschen. Sei es bei aggressivem Verhalten im Straßenverkehr oder bei Rangeleien an Schulen: **Wutgefühle treten überall auf.** Ob wir direkt betroffen sind oder nur in den Nachrichten davon hören – sie sind ein ernst zu nehmendes Problem unserer Gesellschaft. **Wenn wir nicht richtig mit Wut umgehen, können wir körperliche und psychische Schäden davontragen.** Lehrer und Erzieher sind oft die einzigen Menschen, die die Wut der Jugendlichen ernst nehmen und ihnen vermitteln können, wie sie mit ihrer Wut besser umgehen können. Wir können nicht erwarten, dass die Jugendlichen dies alles von selbst wissen. Der Umgang mit Wut muss ihnen, wie jede andere Fähigkeit, vermittelt und dann gemeinsam trainiert, vertieft und wiederholt werden.

Viele Gründe sprechen dafür, Jugendlichen Wut-Management-Strategien zu vermitteln. In einem von Gewalt geprägten Umfeld oder durch Gewalt verherrlichende Fernsehsendungen, Filme, Musikvideos und Videospiele werden Jugendliche dies sicher nicht lernen. Jugendliche benötigen beim Umgang mit ihrer Wut Hilfe. Es gibt wohl niemanden, dem es nicht gut tun würde, seine Wut-Management-Fähigkeiten zu verbessern. **Mit eigenen Wutgefühlen oder denen anderer Menschen umgehen zu können, ist eine wichtige Fähigkeit, die jeder beherrschen sollte.**
Während meiner Arbeit als Vertrauenslehrerin an einer High School habe ich im Laufe der Jahre mit vielen verschiedenen Schülern zusammengearbeitet. Dabei habe ich mich mit Jugendlichen mit Depressionen, Selbstmordgedanken, selbstzerstörerischem Verhalten und Lernschwierigkeiten auseinandergesetzt. Wenn man sich längere Zeit mit Jugendlichen unterhält, kommt man zu einem bestimmten Zeitpunkt fast immer auf das Thema „Wut". Denn Wut liegt sehr vielen anderen Problemen zu Grunde. Und wenn man nicht weiß, wie man mit ihr umgehen soll, kann dies im Alltag zu vielen Schwierigkeiten führen.

Einleitung

Wie dieses Buch entstanden ist

Als Vertrauenslehrerin werde ich oft in den Unterricht eingeladen, um über Wut-Management zu sprechen. Bei allen Lehrern, mit denen ich zusammengearbeitet habe, ist dieses Thema mit Abstand das gefragteste. **Unter den Oberbegriff Wut-Management fallen so verschiedene Elemente wie**

- Mediation,
- Ausdruck der eigenen Persönlichkeit,
- Durchsetzungstraining,
- Entspannung und Stressabbau,
- innere Monologe,
- Förderung des körperlichen und seelischen Wohlbefindens und
- das Setzen von persönlichen Zielen.

Für meine Arbeit als Vertrauenslehrerin brauchte ich dringend ein Buch, das alle diese Elemente enthielt und mit dem mir das Arbeiten leicht fiel und Spaß machte. Mir gefallen Bücher, die ich sofort und ohne längere Vorbereitung benutzen kann. An manchen Tagen fallen mir Fragestellungen oder Thesen für Diskussionen nicht ein. Ich weiß zwar, was ich ausdrücken will, aber es 25 Jugendlichen aus sozialen Risikogruppen zu vermitteln, die noch dazu Lernschwierigkeiten haben, ist nicht so einfach. Deshalb finde ich es hilfreich, die Informationen übersichtlich gegliedert vor mir zu haben, sodass ich mich auf den Umgang mit meinen Schülern konzentrieren kann. Ich habe also nach und nach die Unterrichtskonzepte aufgeschrieben, die sich als gut durchführbar erwiesen und bei denen ich entweder von den Schülern sehr positive Reaktionen erhielt oder die mir persönlich besonders viel Spaß machten. Und schon bald hatte ich eine ganze Reihe gut funktionierender Konzepte zusammen. Diese habe ich dann ausgearbeitet und in eine Form gebracht, in der auch andere Lehrer und Erzieher sie verwenden können.

Wie man dieses Buch einsetzen kann

Die Workouts sind logisch aufeinander aufgebaut, aber Sie können ihre Reihenfolge nach Belieben variieren. Allerdings sollten Sie darauf achten, dass die Workouts 1–17 im Workout 18 („Das Halbzeitspiel", s.S. 57–63) und die Workouts 19–36 im Workout 37 („Hürdenlauf", s.S. 100–104) wiederholt werden. Im Workout 38 wird der Inhalt aller Workouts wiederholt. Zu Beginn des Wut-Workouts sollten Sie die einleitenden Infos für Jugendliche („Liebe Wut-Worker!", s.S. 9) an die Jugendlichen verteilen. Wenn Sie bestimmte Workouts auslassen, sollten Sie den Jugendlichen die grundlegenden Informationen aus dem Abschnitt „Vorbereitung" zur Verfügung stellen, damit Sie die Aktivitäten in Workout 18 und 37 trotzdem durchführen können.

Zielgruppe

Die einzelnen Wut-Workouts sind für Klassen oder kleine Gruppen konzipiert. Die einzelnen Arbeitsblätter lassen sich aber auch ganz leicht für die Arbeit mit Einzelpersonen anpassen.

Aufbau der Workouts

Jedes Workout besteht aus ein oder zwei **„Infoseiten für den Trainer"**, die als Ausgangsbasis für die jeweilige Einheit dienen. Diese können vom Trainer entweder genau befolgt oder lediglich als Richtlinie verwendet werden. Jede Gruppe ist anders und der jeweilige Trainer kann sicher am besten entscheiden, wie sein Unterricht gestaltet werden sollte. Die meisten Workouts sind für Einheiten von 50 bis 60 Minuten konzipiert, aber natürlich kann die benötigte Zeit, je nach Niveau und Interesse der Jugendlichen, schwanken.

Einleitung

Die Infos für den Trainer

1. Vorbereitung
Dieser Abschnitt enthält **Hintergrundinformationen zum Thema des Workouts**. Sie können diese einführenden Informationen entweder vorlesen oder Kopien davon anfertigen, sodass die Jugendlichen alles selbst lesen können. In diesem Abschnitt wird in erster Linie Wissen vermittelt. Die Jugendlichen sollen die wichtigsten Inhalte und Begriffe verstehen, bevor Sie mit der Übung fortfahren. Die Jugendlichen können den Inhalt des Abschnitts „Vorbereitung" auch in Form kurzer Notizen festhalten. Viele der Fragen, die in den Workouts 18 und 37 zur Wiederholung des Stoffes gestellt werden, beziehen sich auf diesen Abschnitt.

2. Lernziele
In diesem Abschnitt geht es um die Lernziele des Workouts. Alle Jugendlichen sollten diese Ziele erreichen.

3. Warm-up
Hier finden Sie **Fragen für Diskussionen**. Einige davon können einfach mit „ja" oder „nein" beantwortet werden, auf andere sollten die Jugendlichen ausführlicher eingehen. Mit Hilfe dieser Fragen können Sie herausfinden, was die Jugendlichen bereits wissen bzw. was sie noch lernen müssen. In diesem Abschnitt sollen die Jugendlichen über bestimmte Vorstellungen nachdenken. Außerdem werden neue Begriffe und Strategien eingeführt.

4. Workout
Dieser Abschnitt stellt den Hauptbestandteil des einzelnen Workouts dar. Zum Workout gehören ein **Arbeitsblatt** sowie Aufgaben, die in Gruppen oder einzeln bearbeitet werden können.

5. Cool-down
Hier finden Sie **Fragen, Aufgaben und Anregungen**, die weiter auf die im Workout erzielten Ergebnisse eingehen. Alle Jugendlichen arbeiten zusammen und sprechen darüber, was sie sich in den Einzelaktivitäten erarbeitet haben.

6. Zusatztraining
Hier finden Sie **zusätzliche Übungen und Anregungen** zum Thema des Workouts:
Die Jugendlichen trainieren ihre erlernten Fähigkeiten anhand verschiedener Aktivitäten, wie z.B. Rollenspielen, künstlerischen Aktivitäten, kreativem Schreiben, Interviews, Umfragen, Recherchen mit unterschiedlichen Medien sowie vielen weiteren sprachlichen Übungen. Sie können alle Aktivitäten ganz einfach anpassen oder erweitern.

Tagebuch führen

Zu vielen Workouts gehört auch eine **Selbstreflexions-Übung**, bei der die Jugendlichen ihre Gedanken und Gefühle in einem Tagebuch festhalten. So sollen sie zum Beispiel über eine bestimmte Handlung nachdenken, sich eine bestimmte Situation vorstellen, Fragen beantworten oder auf etwas eingehen, was vorher besprochen wurde. **Das Tagebuchführen stellt ein wertvolles Instrument dar.** Die Jugendlichen können beobachten, was sie mit Hilfe der Workouts lernen und wie sie sich persönlich weiterentwickeln. Unabhängig davon, ob nur einige oder alle 38 Workouts durchgearbeitet werden, ist ein Tagebuch eine hervorragende Lernmethode. **Es hilft den Jugendlichen, die eigenen Fortschritte im Blick zu behalten.** Damit nichts verloren geht, sollten sie ein gebundenes Buch oder Heft als Tagebuch verwenden und kein Ringbuch, aus dem sich die Seiten leicht heraustrennen lassen. Sollten sie einmal keine Lust zum Schreiben haben, können sie stattdessen auch in ihr Tagebuch malen. Alles sollte aufgehoben werden, auch kurze Notizen und Kritzeleien.

Liebe Wut-Worker!

Das „Wut-Workout" ist keine Intensivtherapie, sondern ein Trainingsprogramm, um gesund und fit zu bleiben – und zwar auf körperlicher, sozialer, geistiger und emotionaler Ebene. Es soll dir dabei helfen, besser mit Wut umzugehen.

Kein Mensch ist perfekt und deshalb erwartet auch niemand, dass du immer alles richtig machst. Trotzdem ist es wichtig, an sich zu arbeiten und zu versuchen, seine Wut besser zu kontrollieren. Wenn du lernst, dir deiner Gefühle, Gedanken, Einstellungen und Verhaltensweisen bewusst zu werden, wird es dir leichter fallen, deine Wut unter Kontrolle zu halten.

Wie bei jedem anderen Trainingsprogramm funktioniert auch dieses Programm zum „Wut-Management" am besten, wenn du über einen längeren Zeitraum hinweg trainierst. Einen kleinen Schritt auf ein Ziel zuzugehen ist besser, als gar keinen Schritt zu machen. Wenn du Geduld mit dir selbst und mit anderen hast, wirst du bald Erfolge sehen.

Wie beim Sport wirst du auch beim Wut-Management wieder zurückfallen, wenn du nicht regelmäßig trainierst. Die „Muskeln" bilden sich zurück und deine Ausdauer lässt nach. **Wenn du das Gelernte nicht anwendest, wirst du es bald wieder vergessen haben.** Deshalb solltest du ständig üben, wiederholen und im Alltag anwenden, was du gelernt hast. Das Wichtigste an jedem Trainingsprogramm ist, dass du das Gelernte auf dein Alltagsleben übertragen kannst. **Was man nicht übt, vergisst man wieder!**

Produktiver Umgang mit Wut

Workout 1   **Infos für Trainer**

Die persönliche Wut-Skala

1. Vorbereitung

Jeder Mensch hat eine andere Toleranzschwelle gegenüber Wut. Was den einen nur leicht ärgert, macht den anderen richtig wütend. Wir benutzen auch unterschiedliche Wörter, um die verschiedenen Stufen von Wut zu bezeichnen. Die „Wut-Skala" eines Menschen hängt außerdem von seinen persönlichen Lebenserfahrungen ab. Zum Beispiel ist *„sich gegenseitig anschreien"* im Leben mancher Personen etwas Alltägliches, während es bei anderen sehr selten vorkommt. Die einen würden „sich gegenseitig anschreien" folglich relativ weit unten auf der Skala eintragen (zum Beispiel bei 2 auf einer Skala von 1 bis 10), die anderen dagegen vermutlich höher (zum Beispiel bei 7 oder 8). Wenn ihr gelernt habt, verschiedene Abstufungen von Wut zu benennen und zu bewerten, und erkennen könnt, wodurch diese Wut-Abstufungen bei euch ausgelöst werden, dann habt ihr bereits einen großen Schritt nach vorne gemacht.

2. Lernziele

- Zehn verschiedene Abstufungen von Wut benennen.
- Diese zehn verschiedenen Wut-Stufen von der geringsten bis zur stärksten anordnen.
- Ereignisse aus dem eigenen Leben benennen, die Wutgefühle der verschiedenen Abstufungen auslösen.

3. Warm-up

- Hängen Sie drei Plakate mit den Aufschriften „schwach", „mittel" und „stark" an verschiedenen Stellen im Raum auf.
- Lesen Sie Beschreibungen verschiedener Situationen vor. Die Jugendlichen gehen jeweils zu dem Wort, das ihrem Empfinden nach die dieser Situation angemessene Wutstärke beschreibt.

Beispiele für Situationen:
- Du findest heraus, dass dich dein Freund/deine Freundin betrogen hat.
- Dein Computer ist kaputtgegangen. Die Reparaturen werden 200,– € kosten.
- Ein Freund lügt dich an.
- Du spielst so schlecht wie noch nie und deine Mannschaft verliert deshalb die Meisterschaft.
- Bei einer Party stiehlt dir jemand Geld.
- Dein bester Freund/deine beste Freundin ignoriert dich.
- Jemand beleidigt dich.
- Deine Eltern schreien dich ohne erkennbaren Grund an.

4. Workout

- In einem Brainstorming sammeln die Jugendlichen Begriffe, mit denen sie verschiedene Wut-Stufen beschreiben.
- Die Jugendlichen können das Arbeitsblatt entweder mit ihren eigenen Begriffen füllen oder mit den auf der Seite angegebenen und gesammelten Ausdrücken.

5. Cool-down

- Bitten Sie Freiwillige, den anderen ihre Antworten vorzulesen. So sehen die Jugendlichen, wie viele Antworten möglich sind und wie viele unterschiedliche Meinungen es über die einzelnen Abstufungen von Wut gibt.
- Schreiben Sie drei verschiedene Wutstärken auf drei große Plakate (1 – schwach, 5 – mittel und 10 – stark) und listen Sie die Verhaltensweisen auf, die bei den Jugendlichen die entsprechende Wutstärke auslösen.

6. Zusatztraining

- Verteilen Sie große Papierbögen sowie Pinsel, Wasser und Deckfarben. Sie können auch Filz-, Bunt- oder Wachsstifte nehmen. Farben sind allerdings am besten geeignet, weil man sie verlaufen lassen und verspritzen kann. Alle sollen jetzt ein Bild malen, auf dem sie Wut darstellen, ohne Worte zu benutzen. Hängen Sie die Bilder im Raum auf, und diskutieren Sie mit den Jugendlichen über die verschiedenen Darstellungen von Wut.
- Die Jugendlichen malen eines ihrer Wut-Wörter. So könnten sie zum Beispiel das Wort *„aufgeregt"* mit zittrigen oder verwackelten Buchstaben darstellen. Durch die bildliche Darstellung verdeutlichen sie sich noch einmal ihre Gefühle. Als Variante könnten sie die Begriffe auch pantomimisch darstellen.
- Lesen Sie Beschreibungen verschiedener Situationen vor, die entweder von den Jugendlichen selbst gesammelt oder von Ihnen vorgegeben wurden. Sie sollen jede Situation auf einer Wut-Skala von 1 bis 10 einordnen. Hierzu schreiben Sie die Zahlen von 1 bis 10 auf Karten und halten diese dann hoch (wie ein Preisrichter beim Turmspringen oder Eiskunstlauf).

Arbeitsblatt   **Workout 1**

Die persönliche Wut-Skala

An der unten abgebildeten Skala lassen sich verschiedene Wut-Stärken ablesen.

Schreibe links von der Skala verschiedene Arten von Wut auf, die du von der schwächsten (1) bis zur stärksten Form (10) anordnest. Rechts neben die Skala schreibst du dann Beispiele für Situationen, die diese Art von Wut bei dir auslösen könnten.

Beispiel:
Wenn du neben die Stufe 1 auf der Wutskala „unruhig" geschrieben hast, könnte ein Beispiel für eine entsprechende Situation sein, dass dich jemand anstarrt.

Diese Ausdrücke werden oft verwendet, um verschiedene Abstufungen von Wut zu beschreiben:
aggressiv, aufgeregt, verärgert, genervt, feindselig, wütend, aufgebracht, außer sich sein, rasend vor Wut, zornig, in Rage, erbost, erzürnt, gereizt, sauer, verstimmt, auf die Palme gebracht, beunruhigt, gewalttätig, stocksauer.

Du kannst auch die Begriffe *schwach, mittel* und *stark* verwenden, um eine bestimmte Wut-Stärke genauer zu beschreiben.

Wut-Stufe	Stärke	Welche Situation würde diese Wut-Stufe bei dir auslösen?
	1	
	2	
	3	
	4	
	5	
	6	
	7	
	8	
	9	
	10	

Produktiver Umgang mit Wut

Workout 2   Infos für Trainer

Warum bist du wütend?

 Vorbereitung

Es gibt viele verschiedene Situationen, die uns wütend machen. Jeder Mensch hat eine andere Toleranzschwelle und reagiert anders auf Ärgernisse. Außerdem betrachtet jeder eine Situation aus seinem eigenen Blickwinkel. Die Art, wie wir etwas sehen, hat starken Einfluss darauf, wie wir reagieren. Doch dass man selbst etwas auf eine bestimmte Weise wahrnimmt, heißt noch lange nicht, dass andere dies genauso tun.

Wut steht in engem Zusammenhang mit anderen Gefühlen. Nicht selten reagieren wir, als wären wir wütend, obwohl wir eigentlich etwas ganz anderes empfinden. Hinter Wut verbergen sich häufig Gefühle wie Verletztsein, Angst, Frustration, Scham, Schuld, Traurigkeit, Eifersucht, Enttäuschung oder Einsamkeit. Oft sind diese Gefühle die eigentliche Ursache unserer Wut. Es kann aber sein, dass wir gar nicht genau wissen, was wir empfinden, und Wut ist vielleicht einfach das einzige Gefühl, das wir erkennen.

Lernziele

- Die vier Hauptursachen für Wut kennen lernen.
- Sich über verschiedene Wut-Situationen Gedanken machen und Gefühle benennen, die der Wut zu Grunde liegen.
- Trainieren, etwas vom Standpunkt eines anderen Menschen aus zu betrachten.

 Warm-up

Stellen Sie den Jugendlichen folgende Fragen zur Diskussion:

- Warum ärgern Menschen sich?
- Warum kommt Wut so häufig vor?
- Welche Gefühle treten gleichzeitig mit Wut auf?
- Welche Gefühle lassen sich nur schwer ausdrücken?
- Warum fällt es schwer, diese anderen Gefühle zum Ausdruck zu bringen?

 Workout

- Die Jugendlichen sollen herausfinden, was in den beschriebenen Situationen hinter der nach außen hin sichtbaren Wut steckt. Die Nummer jeder Situation wird an der entsprechenden Stelle in das Kreisdiagramm eingefügt.
- Dann denken sie sich drei Situationen aus und tragen deren Nummern an der entsprechenden Stelle im Diagramm ein.
- Nehmen Sie nochmals Bezug auf die zehn auf dem Arbeitsblatt beschriebenen Situationen. Die Jugendlichen sollen die Situationen aus der Sicht der Person betrachten, gegen die sich ihre Wut richtet. Sie notieren, wie die jeweils zweite darin vorkommende Person die Situation wahrnimmt. Wie würde z.B. Susannes Freundin über Susanne denken?

 Cool-down

- Sprechen Sie mit den Jugendlichen über die einzelnen Situationen und über ihre Zuordnung im Kreisdiagramm.
- Bitten Sie Freiwillige, ihre selbsterdachten Situationsbeschreibungen vorzulesen. Die anderen ordnen diese dem Diagramm zu.

 Zusatztraining

- Die Jugendlichen recherchieren in Zeitungen nach Artikeln, die sich mit dem Thema „Wut" beschäftigen. Sie schneiden die Artikel aus und machen daraus ein Poster. Dabei schreiben sie unter jeden Artikel die Ursache der Wut sowie weitere Gefühle der betroffenen Personen.
- Die Jugendlichen verfassen in Zweiergruppen Pro- und Kontra-Listen zu umstrittenen Themen, wie z.B. *„Tierversuche in der medizinischen Forschung"*, *„Autobahnbau durch Naturschutzgebiete"* oder *„Wahlrecht ab 16"*. Machen Sie ihnen deutlich, wie wichtig es ist, eine Sache von verschiedenen Standpunkten zu betrachten. Dann sollen alle gemeinsam über die umstrittenen Themen diskutieren.
- Als Aufgabe für zu Hause sollen sich alle den gleichen Film ansehen und notieren, welche Gefühle sie beim Anschauen des Films haben. Dabei gehen sie folgendermaßen vor: Am oberen Rand eines DIN-A4-Blatts steht der Name des Films. Das Blatt wird in verschiedene Abschnitte unterteilt (jeweils ein Abschnitt für etwa 15 Minuten). Die Jugendlichen sollen alle Gefühle notieren, die sie während der verschiedenen Phasen des Films empfinden. Sie bringen ihre Notizen dann mit und tauschen sich über die empfundenen Gefühle aus.

Arbeitsblatt — Workout 2

Warum bist du wütend?

Folgende vier Situationen sind die häufigsten Ursachen für Wut:

1. **Ungerechtigkeit:** Du empfindest etwas als ungerecht oder wirst ungerecht behandelt.
2. **Frustration:** Du kannst eine Aufgabe nicht erfüllen, glaubst aber, dass du es schaffen musst.
3. **Beleidigungen oder Kränkungen:** Du fühlst dich von jemandem angegriffen, beleidigt oder gekränkt.
4. **Verlust von Kontrolle:** Du hast das Gefühl, keine Kontrolle über dich, dein Handeln oder eine bestimmte Situation zu haben.

Oft entspricht das, was wir innerlich empfinden, nicht dem, was wir anderen Menschen nach außen hin zeigen.

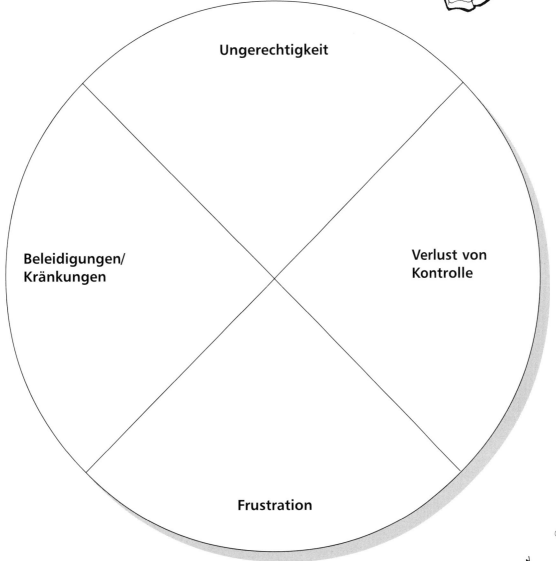

Ungerechtigkeit

Beleidigungen/
Kränkungen

Verlust von
Kontrolle

Frustration

Workout 2 — Arbeitsblatt

Warum bist du wütend?

Lies dir die folgenden Situationsbeschreibungen durch und finde heraus, welches Gefühl dem Verhalten jeweils zu Grunde liegt. Schreibe die Nummer der Beschreibung an die richtige Stelle des Diagramms auf S. 13.

2. Daniels Mutter besteht darauf, dass er immer anruft und ihr Bescheid sagt, wohin er nach der Schule geht. Als sie einmal etwas länger braucht, um ans Telefon zu kommen, legt Daniel einfach auf und ruft nicht noch einmal an.

1. Susannes Freundin Melanie hat Krebs. Seit Melanie es vor zwei Wochen erfahren hat, schreit sie andere Menschen an, schimpft viel und lächelt nicht mehr. Susanne weiß nicht, wie sie mit ihrer Freundin umgehen soll, und geht ihr deshalb aus dem Weg.

3. Leif hat Probleme mit Mathe. Als seine Lehrerin mit dem Erklären etwas länger braucht, wirft er sein Buch auf den Boden und rennt aus der Klasse.

4. Christian macht eine Bemerkung über Franks kaputtes T-Shirt. Frank versetzt ihm daraufhin einen ziemlich heftigen Schlag.

5. Lena hat ihr Referat zwei Tage zu spät abgegeben. Ihr Lehrer weigert sich, die Arbeit noch zu bewerten, und schreibt sich ein ungenügend auf. Lena beschimpft ihn und geht dann einfach weg.

6. Jens macht beim Basketball normalerweise immer mehr als zehn Körbe. Diesmal hat er nicht einen einzigen gemacht. Er verlässt das Spielfeld, wirft sein Handtuch auf den Boden, knallt die Tür der Turnhalle zu und geht weg.

7. Praktisch alle Mannschaftsmitglieder waren die Hälfte der Spielzeit auf dem Spielfeld, Markus aber nur fünf Minuten. Ohne ein Wort mit dem Trainer zu reden, setzt er sich auf die Bank. Er wirft den anderen aus der Mannschaft finstere Blicke zu und weigert sich, mit ihnen zu sprechen.

Wut-Workout

Arbeitsblatt Workout 2

Warum bist du wütend?

8. Peters Freund sagt, Peter sei viel zu klein, um in der Mannschaft mitzuspielen. Peter beschimpft ihn, dreht sich um und geht weg.

9. Hannas Freund zieht in eine andere Stadt um. Seit sie das weiß, hat sie kein Wort mehr mit ihm gesprochen.

10. Zwei Wochen vor Ende des Schuljahres erfährt Marina, dass sie nicht versetzt wird. Sie stürmt ins Schulsekretariat, schreit die Sekretärin an und verlangt, mit dem Direktor zu sprechen.

Auch in der neuen Stadt werde ich dich nicht vergessen!

✏️ Jetzt bist du dran. Denke dir drei Situationen aus. Schreibe die Nummern an die entsprechende Stelle des Diagramms auf S. 13.

Produktiver Umgang mit Wut

Workout 3   **Infos für Trainer**

Nutze deine Wut

Vorbereitung

Wut kann helfen und schaden. Sie kann dazu führen, dass ihr selbstbewusst eure Interessen vertretet. Sie kann aber auch dazu führen, dass ihr euch selbst oder eine andere Person verletzt. Ihr könnt eure Wutgefühle nutzen, um mutig zu sein oder Hindernisse zu überwinden. Außerdem kann Wut dabei helfen, ein Problem zu lösen oder etwas zu verändern. Wut dient fast immer als Warnsignal dafür, dass etwas nicht in Ordnung ist.

Es kann aber auch passieren, dass ihr aus Wut unangemessen und unüberlegt handelt und euch so selbst oder anderen schadet. Je stärker und häufiger Wutgefühle auftreten, umso schädlicher sind sie auf lange Sicht. Hierbei kommt es natürlich auch darauf an, wie ihr eure Wut ausdrückt und wer davon noch betroffen ist.

Es gibt verschiedene Möglichkeiten, wie man positiver und vor allem konstruktiver mit seinem Ärger umgehen kann, z.B.:
- erkennen können, wann man wütend ist,
- verstehen, warum man wütend wird,
- lernen, seine Wut auf angemessene Art und Weise auszudrücken und
- mit der Wut anderer umgehen können.

Lernziele
- Lernen, wann Wut schadet und wann sie hilfreich ist.
- Erfahren, wie Menschen ihre Wut genutzt haben, um Hindernisse zu überwinden oder um sich für etwas einzusetzen, woran sie glauben.

Warm-up
Stellen Sie den Jugendlichen folgende Fragen:
- Wann hilft Wut? Wann schadet Wut?
- Welche berühmten Personen haben in der Vergangenheit sich selbst oder anderen mit ihrer Wut geschadet?
- Welche Personen haben in der Vergangenheit mit ihrer Wut etwas Gutes erreicht? Gute Beispiele hierfür sind u.a. Martin Luther King oder Nelson Mandela.
- Führen Sie ein Brainstorming zum Thema *„Entscheidungen, die wir alle treffen"* durch. Die Jugendlichen sollen eine Liste mit diesen Entscheidungen erstellen, etwa so:
1. Wir entscheiden uns, zu arbeiten oder zu lernen.
2. Wir entscheiden, wer unsere Freunde sind.
3. Wir entscheiden, was wir sagen und was wir tun.
4. Wir entscheiden, ob wir nett oder gemein zu anderen sind.
5. Wir entscheiden, ob wir tolerant oder intolerant sind etc.

Workout
- Die Jugendlichen benennen einen Menschen, der seine Wut genutzt hat, um etwas Positives zu erreichen, ein Hindernis zu überwinden oder etwas Wichtiges zu verändern.
- Die Jugendlichen notieren, wie diese Person mit ihrer Wut umgegangen ist.

Cool-down
- Die Jugendlichen lesen ihre Texte vor und verfassen eine Liste mit den Personen, über die gesprochen wurde. Sammeln Sie die Texte.
- Betonen Sie, dass es sich manchmal nicht vermeiden lässt, wütend zu sein. Jeder Mensch kann aber selbst entscheiden, wie er mit seiner Wut umgeht.

Zusatztraining
- Die Jugendlichen spielen in einem Rollenspiel eine Situation nach, in der jemand seine Wut nutzt, um etwas Positives für sich selbst oder einen anderen Menschen zu tun.
- Sie denken sich verschiedene Wut-Situationen aus und schreiben kurze Texte, wie man positiv mit den entsprechenden Situationen umgehen kann, z.B.:
1. Du hast dir ein Fahrrad gekauft. Gleich am ersten Tag hat es einen Platten.
2. Jemand behauptet zu Unrecht, du hättest etwas geklaut.
3. Eine Freundin hat dich versetzt und du hast lange umsonst gewartet.
4. Du wirst nicht versetzt, weil du in einem Fach, in dem du es nicht erwartet hast, eine schlechte Note bekommen hast.
- Die Jugendlichen schreiben kurze Texte über ähnliche Situationen, die sie selbst erlebt haben, und darüber, wie man positiv mit diesen Situationen umgehen kann.
- Laden Sie jemanden ein, der davon erzählt, wie er seine Wut überwunden hat und damit sich selbst oder anderen geholfen hat. Es sollte jemand sein, der überzeugend auf die Jugendlichen wirkt.

Arbeitsblatt Workout 3

Nutze deine Wut

Lance Armstrong

Mit 23 Jahren war Lance Armstrong bereits einer der besten Radrennfahrer der Welt. Er stand am Anfang seiner Karriere und seine Zukunft sah äußerst vielversprechend aus. Dann stellten Ärzte fest, dass er Hodenkrebs hatte. Der Krebs breitete sich aus und griff auch seinen Unterleib, seine Lungen und sein Gehirn an. Lance Armstrongs Überlebenschancen schienen nur sehr gering. Doch er beschloss, den Kampf gegen seine Krankheit aufzunehmen. Er beschäftigte sich mit der Erkrankung und unterzog sich kräftezehrenden Behandlungen. Lance Armstrong war unglaublich willensstark und entschlossen, seine Krankheit zu überwinden. Inzwischen ist er wieder gesund und hat bereits mehrfach die Tour de France gewonnen, das schwierigste Radrennen der Welt.

Rosa Parks

Am 1. Dezember 1955 wurde die afroamerikanische Näherin Rosa Parks in Montgomery (Alabama) verhaftet, weil sie sich weigerte, ihren Sitzplatz im Bus für einen Weißen freizugeben. Damals gab es in den Südstaaten der USA das Gesetz, dass afroamerikanische Fahrgäste im hinteren Teil des Busses sitzen und bei Bedarf ihre Sitzplätze weißen Personen überlassen mussten. Als man sie aufforderte, ihren Platz freizugeben, bewegte sie sich nicht vom Fleck, setzte sich aber auch nicht zur Wehr. Man rief die Polizei und ließ sie verhaften. Dieser Vorfall löste den „Montgomery-Bus-Boykott" aus und stellte zugleich den Beginn der amerikanischen Bürgerrechtsbewegung dar, die mit dazu beitrug, dass in den USA wichtige Bürgerrechte eingeführt wurden, die für alle Menschen galten.

Schreibe einen Text über eine Person aus der Vergangenheit oder der Gegenwart, die ihre Wut oder ein anderes Hindernis überwunden und damit eine wichtige Veränderung bewirkt hat, in dein Heft.

Schreibe einige Hindernisse in dein Heft, die du in deinem Leben schon überwunden hast. Lies diese Liste noch einmal und unterstreiche die Hindernisse, die etwas mit Wut zu tun hatten.

Produktiver Umgang mit Wut

Workout 4   Infos für Trainer

Dein Körper spricht mit dir

1 Vorbereitung

Habt ihr schon einmal innegehalten und dann festgestellt, dass euer Körper eine ganz verkrampfte Haltung hat und euer Herz rasend schnell klopft? Bekommt ihr ein paar Stunden nach einem heftigen Streit Kopf- oder Magenschmerzen? Falls ja, dann spricht euer Körper mit euch. Er reagiert darauf, wenn ihr Stress oder Angst habt, euch langweilt, beunruhigt, glücklich oder traurig seid oder wenn ihr euch Sorgen macht. Wenn ihr die Signale eures Körpers nicht wahrnehmt, wisst ihr nicht, wann ihr euch um ihn kümmern müsst. Und wenn ihr euch nicht um ihn kümmert, kann das negative Folgen haben.

2 Lernziele

- Benennen, wie man körperlich auf Wut reagiert.
- Lang- und kurzfristige Folgen von Wut, Anspannung und Stress aufzählen.
- Darstellen, wie jemand aussieht, der wütend ist.

3 Warm-up

Stellen Sie den Jugendlichen folgende Fragen:
- Woran merkt ihr, dass ihr wütend seid?
- Werdet ihr rot, seid angespannt oder schwitzt, wenn ihr euch ärgert? Wird euch übel? Wie viele von euch können dann nicht mehr klar denken?
- Was unternehmt ihr normalerweise, wenn ihr diese Anzeichen bemerkt?
- Was passiert, wenn ihr die Signale eures Körpers ignoriert und immer wütender werdet?
- Welche kurzfristigen Folgen können Wut, Anspannung und Stress haben, wenn man nicht richtig damit umgeht? Bekommt ihr dann Kopfschmerzen oder wird euch vielleicht übel?
- Welche langfristigen Folgen können Wut, Anspannung und Stress haben, wenn man nicht richtig damit umgeht? Kennt ihr jemanden, der auf Grund von Ärger oder Stress körperliche Beschwerden bekommen hat?

4 Workout

- Die Jugendlichen ergänzen die Liste der körperlichen Anzeichen von Ärger auf dem Arbeitsblatt.
- Dann zeichnen sie einen wütenden Menschen und beschriften das Bild (Anzeichen und Symptome von Wut).

5 Cool-down

- In Zweiergruppen zeigen die Jugendlichen einander ihre Zeichnungen und sprechen über die Unterschiede und Ähnlichkeiten.
- Erklären Sie, dass in den folgenden Workouts verschiedene Strategien zum positiven Umgang mit Ärger, Anspannung und Stress behandelt werden.

6 Zusatztraining

- Die Jugendlichen schneiden Abbildungen aus Zeitschriften aus und stellen damit jemanden dar, der wütend ist. Danach können sie mit diesen Bildern gemeinsam eine Collage gestalten.
- Die Jugendlichen malen in 6er-Gruppen eine wütende Person. Dabei fügt jeder ein Merkmal hinzu, an dem zu erkennen ist, dass die Person wütend ist. Dann wird das Bild an den Nächsten in der Gruppe weitergereicht.
- Laden Sie einen Arzt oder einen Physiotherapeuten ein, der ihnen von der Behandlung stressbedingter Erkrankungen erzählt (z.B. Migräne, Geschwüre, Rückenbeschwerden usw.).
- Ein Freiwilliger stellt ein Anzeichen von Wut oder ein entsprechendes Symptom schauspielerisch dar. Die anderen müssen erraten, um welches es sich handelt. Schreiben Sie für diese Übung alle Symptome auf kleine Zettel. Die Freiwilligen ziehen dann jeweils einen Zettel und stellen das entsprechende Symptom dar. Sie können die Gruppe auch in zwei Teams einteilen und diese Übung in Form eines Wettkampfes durchführen.

Arbeitsblatt

Workout 4

Dein Körper spricht mit dir

Unser Körper kann auf viele verschiedene Arten reagieren, wenn wir wütend sind. Es sind alles natürliche Reaktionen auf etwas, das uns bedroht oder ärgert. Manche Menschen kennen alle, andere nur manche der folgenden Anzeichen. Jeder reagiert anders auf Personen oder Dinge, die ihn ärgern.

Mache ein Kreuz neben die körperlichen Reaktionen, die du normalerweise an dir beobachtest, wenn du wütend bist.

- ☐ Schweres oder schnelles Atmen
- ☐ Trockener Mund
- ☐ Schneller Puls
- ☐ Höherer Blutdruck
- ☐ Gerötetes Gesicht
- ☐ Geballte Fäuste
- ☐ Muskelanspannung
- ☐ Kopfschmerzen
- ☐ Magenschmerzen
- ☐ Schwitzen
- ☐ Taubheitsgefühl an unterschiedlichen Körperteilen
- ☐ Unfähigkeit, klar zu denken
- ☐ Zittern

Welche anderen Anzeichen stellst du bei dir fest, wenn du wütend bist?

- ○ _____
- ○ _____
- ○ _____
- ○ _____
- ○ _____
- ○ _____

Jetzt, da du weißt, dass dein Körper mit dir spricht, solltest du auch auf ihn hören. Es gibt viele Menschen, die das nicht tun und nach einer Weile feststellen, dass sie unwiderrufliche Gesundheitsschäden davongetragen haben oder ihr Leben von Grund auf ändern müssen, um wieder gesund zu werden. Denke also immer daran, dass du nur einen Körper hast und deshalb gut mit ihm umgehen solltest.

Wenn es dir schwerfällt, mit deinen Wutgefühlen umzugehen, dann bist du nicht der Einzige: Viele Menschen haben Probleme damit. Wenn du mit deiner Wut richtig umgehen willst, musst du einiges dafür tun. Mit der Zeit wirst du aber feststellen, dass es viele Vorteile hat, Wut-Management zu erlernen. Diese neuen Fähigkeiten werden dir in der Schule, beim Job, im Umgang mit deiner Familie oder deinen Freunden sowie in anderen Beziehungen hilfreich sein.

Zeichne auf die Rückseite dieses Blattes einen wütenden Menschen. Es reicht eine ungefähre Skizze oder eine Comicfigur. Sie muss nicht besonders künstlerisch ausgereift sein.

Produktiver Umgang mit Wut

Workout 5 — **Infos für Trainer**

Wie reagierst du?

Vorbereitung

Wenn ihr einmal darüber nachdenkt, wie ihr in bestimmten Situationen reagiert, bekommt ihr einen besseren Einblick in die Art und Weise, wie eure Gedanken eure Wut beeinflussen. Wie wütend ihr werdet, hat sehr viel damit zu tun, wie ihr ein bestimmtes Ereignis wahrnehmt. Wenn euch z.B. jemand auf der Straße anrempelt, könntet ihr denken: *„Warum passt dieser Idiot nicht auf, wo er hingeht?"* Oder ihr sagt euch: *„Naja, so was kommt eben vor. Wahrscheinlich hat er mich nicht gesehen."* Im ersten Fall würdet ihr vermutlich wütend werden.

Der zweite Fall hätte wahrscheinlich keinerlei Auswirkungen, sondern ihr würdet den Vorfall einfach nur als ein alltägliches Ereignis sehen.

Ihr habt nicht immer Einfluss auf die Dinge, die euch passieren. Aber ihr entscheidet immer selbst, ob ihr euch darüber ärgert oder nicht. Ihr könnt einfach die Schultern zucken oder ihr könnt aggressiv werden. Beim Tauchen kann man viel darüber lernen, wie sich Auseinandersetzungen verhindern lassen. Unter Wasser ist alles ganz anders als an Land. Es gibt geheimnisvolle Fische, gefährliche Raubtiere und Giftpflanzen. Um Gefahren zu vermeiden, sollte man nichts und niemandem zu nahe kommen. Auf keinen Fall sollte man für Unruhe sorgen, Tiere bedrängen oder Pflanzen anfassen. Wenn man sich ruhig verhält, passiert auch nichts. Aber wenn ihr auf irgendeine Art provoziert, geht ihr ein sehr hohes Risiko ein. Deshalb solltet ihr euch darauf beschränken, alles zu betrachten.

Lernziele

- Einen Fragebogen ausfüllen, in dem es um Reaktionen auf typische wutauslösende Situationen oder Ereignisse geht.
- Die Jugendlichen lernen, zwischen positiven und negativen Reaktionen auf Wut-Situationen zu unterscheiden.

Warm-up

Stellen Sie den Jugendlichen folgende Fragen und diskutieren Sie sie gemeinsam:

- Gibt es Situationen, über die ihr euch oft ärgert?
- Ärgert ihr euch alle über ähnliche Situationen und kommen euch die Erlebnisse der anderen bekannt vor?
- Ärgert ihr euch manchmal sehr über Ereignisse, die euch zu einem anderen Zeitpunkt kaum aus der Ruhe bringen?
- Wodurch werden Menschen anfälliger für Wut?
- Warum bzw. wodurch haben Menschen mehr Verständnis oder verzeihen eher als andere?

Workout

- Die Jugendlichen füllen den Fragebogen auf dem Arbeitsblatt aus.
- Dann werten sie mit Hilfe der Punkteskala ihre Antworten aus. Einfacher ist es, wenn der Lehrer die Anzahl der Punkte für die einzelnen Antworten vorliest, damit die Jugendlichen nicht immer hin- und herblättern müssen.

Cool-down

- Nachdem die Jugendlichen den Fragebogen ausgefüllt haben, können Sie mit ihnen darüber sprechen, welche Art von Ereignis oder Situation am häufigsten Wut auslöst.
- Wurden Situationen genannt, bei denen die Jugendlichen ganz anders reagiert hätten, als in den vorgegebenen Antworten beschrieben wurde?
- Was muss man unbedingt beachten, wenn man Wutgefühle vermeiden will? Schreiben Sie die Antworten an die Tafel, die die Jugendlichen in einem Brainstorming sammeln.

Zusatztraining

- Die Jugendlichen denken sich zehn weitere ähnliche Situationen oder Ereignisse aus und schreiben diese auf. Dann überlegen sie sich jeweils eine provozierende und eine präventive Reaktion.
- Die Jugendlichen verfassen einen kurzen Text darüber, wie sie einmal verhindert haben, dass es zu einer Auseinandersetzung kam, und einen zweiten darüber, wie sie einmal Ärger provoziert haben.
- Die Jugendlichen lassen den Fragebogen von einem Familienmitglied oder einem Freund ausfüllen.
- Teilen Sie die Jugendlichen in Gruppen ein. Jede Gruppe stellt dann in einem Rollenspiel eine präventive und eine provozierende Reaktion zu einer der beschriebenen Situationen dar.

Arbeitsblatt Workout 5

Wie reagierst du?

Lies dir die folgenden Situationsbeschreibungen durch und kreuze an, wie du reagieren würdest. Wenn du fertig bist, kannst du deine Antworten auswerten, um dich auf der Wutskala einordnen zu können.

1. **Der Frisör schneidet deine Haare 10 cm kürzer, obwohl du gesagt hast, er solle nur nachschneiden.**
    a) Ich weigere mich, zu bezahlen, und sage ihm, dass er Mist gebaut hat. ☐
    b) Ich bin total deprimiert. Das nächste Mal soll der Frisör mir vorher zeigen, wie viel er abschneiden wird. ☐

2. **Du stehst mit dem Bus in einem Verkehrsstau. In 10 Minuten musst du bei einer Prüfung sein.**
    a) Ich rege mich auf, meckere herum und beschimpfe den Busfahrer. ☐
    b) Ich rege mich auf, sage mir aber, dass sich Staus nun einmal nicht verhindern lassen. Im Moment kann ich an der Situation leider nichts ändern. ☐

3. **Jemand behandelt dich ungerecht.**
    a) Ich weise ihn zurecht. ☐
    b) Ich sage ihm, dass er sich nicht fair verhält, und schlage eine Lösung für das Problem vor. ☐

4. **Jemand macht dir gegenüber eine sarkastische Bemerkung.**
    a) Ich finde, das ist sein Problem. Ich habe keine Lust, mich über seine Unhöflichkeit aufzuregen. ☐
    b) Ich mache auch eine sarkastische Bemerkung und drohe ihm mit Schlägen, wenn er nicht den Mund hält. ☐

5. **Du sitzt in der Bibliothek und lernst. An einem Tisch in der Nähe sitzt jemand, der ständig störende Geräusche macht.**
    a) Ich setze mich an einen weiter entfernten Tisch und arbeite weiter. ☐
    b) Ich seufze ein paar Mal hörbar, damit er merkt, dass er stört. Wenn er immer noch nicht aufhört, sage ich ihm, er solle verschwinden. ☐

6. **Du stehst in der Schlange an einer Pommesbude. Es geht nicht voran, und du hast einen Riesenhunger.**
    a) Schlangestehen ist lästig, aber nicht zu vermeiden. Irgendwann werde ich meine Pommes schon bekommen. ☐
    b) Ich werde wütend. Bestimmt sind die unfähigen Angestellten an den langen Wartezeiten schuld. ☐

Produktiver Umgang mit Wut

Workout 5   Arbeitsblatt

Wie reagierst du? ②

7. Eine Freundin sagt eine Verabredung in letzter Minute ab.
   a) Ich schreie sie an, weil sie so rücksichtslos ist und ich jetzt nicht weiß, was ich allein unternehmen soll. ☐
   b) Ich mache mir keine Gedanken und gehe stattdessen mit einem anderen Freund aus. ☐

8. Du versuchst, etwas zusammenzubauen, verstehst aber die Anleitung nicht.
   a) Ich schleudere die Einzelteile genervt auf den Boden. ☐
   b) Ich gehe kurz weg und versuche es später noch einmal. ☐

9. Ein Lehrer kritisiert das Referat, an dem du das ganze Wochenende gearbeitet hast.
   a) Ich ärgere mich. Der Lehrer muss ganz schön blöd sein. ☐
   b) Ich sehe mir an, ob seine Anmerkungen gerechtfertigt sind und ob ich das Referat noch verbessern kann. ☐

10. Auf einer Party geht dir jemand auf die Nerven und versucht immer wieder, dich in ein Gespräch zu verwickeln.
   a) Ich versuche, ihm unauffällig aus dem Weg zu gehen. ☐
   b) Ich bin absichtlich unhöflich und hoffe, dass er den Wink versteht. ☐

11. Ein Freund leiht sich etwas von dir aus und sagt dir später, dass er es verloren hat.
   a) Ich mache mir keine Gedanken. Bestimmt wird er es ersetzen. ☐
   b) Ich ärgere mich, dass er so nachlässig mit meinen Sachen umgeht. ☐

12. Deiner Ansicht nach wird bei einem Spiel eindeutig gefoult, aber der Schiedsrichter greift nicht ein.
   a) Ich schreie den Schiedsrichter an, weil er nicht richtig aufpasst hat und eindeutig das gegnerische Team bevorzugt. ☐
   b) Ich mache mir bewusst, dass es schwer ist, während eines Spiels alles im Auge zu haben. ☐

13. Jemand in deinem Freundeskreis lässt nie jemand zu Wort kommen.
   a) Ich warte einen geeigneten Zeitpunkt ab, um ihn darauf aufmerksam zu machen. ☐
   b) Ich beschließe, möglichst wenig Zeit mit ihm zu verbringen. ☐

14. Du hast bei einem Spiel den Eindruck, dass geschummelt wurde.
   a) Ich höre auf und verlange, dass derjenige seinen Betrug zugibt. ☐
   b) Ich lasse mich davon nicht stören. Es ist ja nur ein Spiel. Wenn derjenige denkt, er muss schummeln, ist das nicht mein Problem. ☐

Wut Workout

Arbeitsblatt

Wie reagierst du?

 Werte deine Antworten aus!

1.	a=1	b=0
2.	a=1	b=0
3.	a=1	b=0
4.	a=0	b=1
5.	a=0	b=1
6.	a=1	b=0
7.	a=1	b=0
8.	a=1	b=0
9.	a=1	b=0
10.	a=0	b=1
11.	a=0	b=1
12.	a=1	b=0
13.	a=0	b=1
14.	a=1	b=0

Gesamtsumme:

Du hast mehr als 12 Punkte gezählt:
Andere Menschen fühlen sich durch dein Verhalten häufig provoziert und werden dann wütend. Du regst dich wahrscheinlich sehr schnell über etwas auf und findest das Verhalten von anderen oft inakzeptabel. Es würde dir bestimmt helfen, einige Strategien zu erlernen, mit denen du Wutgefühle vermeiden bzw. reduzieren kannst.

Du hast zwischen 8 und 12 Punkten gezählt:
Du ärgerst dich relativ oft. Es würde dir helfen, einige Wut-Management-Strategien zu lernen und einige deiner Denkmuster zu ändern. Es gibt viele Möglichkeiten, wie du Wutgefühle vermeiden kannst.

Du hast zwischen 4 und 7 Punkten gezählt:
Du gehst schon gut mit deiner Wut um, aber du kannst noch an deinen Denkmustern und deinem Verhalten arbeiten, um dich noch weniger zu ärgern.

Weniger als 4 Punkte:
Du hast dir hilfreiche Strategien angeeignet, um deine Wut zu kontrollieren. Durch dein Verhalten und deine Art zu denken, kannst du Ärger oft vermeiden. In einigen Punkten kannst du dich noch immer verbessern, aber generell kommst du sehr gut zurecht. Darauf kannst du wirklich stolz sein!

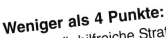
Produktiver Umgang mit Wut

Workout 6 — Infos für Trainer

Wie wirst du wütend?

1. Vorbereitung

Es gibt grundsätzlich drei Arten, seine Wut zum Ausdruck zu bringen:
- aggressiv,
- passiv und
- selbstbewusst.

Aggressive Menschen fordern ihre Rechte ein, ohne sich Gedanken über die Bedürfnisse anderer zu machen. Aggressive Wut verursacht körperliches oder psychisches Unwohlsein. Menschen, die sich passiv ärgern, fressen ihre Wut in sich hinein und vermeiden es, sich mit der Ursache ihres Ärgers zu beschäftigen. Häufig sind es stille und schüchterne Menschen, die es nicht wagen, sich für ihre Rechte und Bedürfnisse einzusetzen. Selbstbewusste Menschen versuchen, sich zu behaupten, nehmen dabei aber auch Rücksicht auf die Rechte anderer. Sie bringen ihre Wut direkt, aber auf eine nicht aggressive Weise zum Ausdruck. Selbstbewusste Menschen benutzen unterschiedliche Strategien, um mit ihrer Wut umzugehen.

2. Lernziele

- Die Jugendlichen analysieren ihre Art, mit Wut umzugehen.
- Den Unterschied zwischen passivem, selbstbewusstem und aggressivem Verhalten verstehen.

3. Warm-up

Stellen Sie den Jugendlichen folgende Fragen und diskutieren Sie sie mit ihnen:
- Woran denkt ihr, wenn ihr das Wort „Wut" hört? Was denken andere Menschen über Wut? Wie lernt man, seine Wut auszudrücken?
- Wie werden bei euch in der Familie Gefühle gezeigt? Wie geht eure Familie damit um, wenn jemand wütend ist? Wie werden Probleme gelöst? Hat eure Erziehung Einfluss darauf gehabt, wie ihr mit Wut umgeht und wie schnell ihr wütend werdet?

4. Workout

- Die Jugendlichen füllen, jeder für sich, den Fragebogen aus.
- Sprechen Sie mit der Gruppe über die drei Begriffe „aggressiv", „selbstbewusst" und „passiv": Schreiben Sie die drei Begriffe auf große Karteikarten und hängen Sie diese an verschiedenen Stellen im Raum auf.
- Lesen Sie den Fragebogen noch einmal vor. Die Jugendlichen sollen die Antworten in „passive", „aggressive" und „selbstbewusste" Aussagen einteilen. Dazu stellen sie sich im Raum neben die Karte mit der jeweils zutreffenden Antwort.
- Wenn die Gruppe zu groß ist, können Sie Karteikarten austeilen, auf welche die Jugendlichen die Begriffe „aggressiv", „selbstbewusst" und „passiv" schreiben. Dann halten sie immer die entsprechende Karte hoch, während Sie den Fragebogen vorlesen.

5. Cool-down

- Die Jugendlichen notieren sich zu den drei Arten der Wut typische Verhaltensweisen auf die Rückseite ihrer Karteikarten bzw. auf ein Plakat unterhalb der im Klassenraum aufgehängten Karten. Dann überlegen sie sich Definitionen für die drei Begriffe und schreiben diese auf die Rückseite der Karten oder auf ein Blatt Papier.
- Machen Sie deutlich, dass selbstbewusstes Verhalten am positivsten zu bewerten ist. Sprechen Sie mit der Gruppe über die Gründe.
- Die Jugendlichen gehen noch einmal den Fragebogen durch und schreiben die drei Aussagen heraus, mit denen sie selbst die meisten Probleme haben. Dann überlegen sie sich in Bezug auf diese Probleme drei Ziele, die sie im nächsten halben Jahr erreichen möchten.
- Malen Sie eine „Prioritäten-Leiter" an die Tafel. Alle Jugendlichen sollen mit Bezug auf den ausgefüllten Fragebogen sieben bis zehn Schwächen notieren, an denen sie in den nächsten Monaten arbeiten möchten. Verdeutlichen Sie mit Hilfe der „Prioritäten-Leiter", dass es am besten ist, am Fuß der Leiter mit dem Problem anzufangen, das am leichtesten zu lösen ist. So kann man sich dann langsam bis zum schwierigsten Problem „hinaufarbeiten".

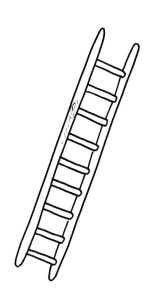

Infos für Trainer — Workout 6

Wie wirst du wütend?

6 Zusatztraining

- Die Jugendlichen überlegen sich, welche Tiere aggressives, passives und selbstbewusstes Verhalten am treffendsten darstellen. Sie zeichnen die Tiere oder schneiden entsprechende Bilder aus. Diese werden auf Papierbögen geklebt und im Raum aufgehängt.
- Die Jugendlichen stellen die drei Begriffe abstrakt dar (z.B. durch malen oder collagieren).
- In einem Brainstorming versuchen die Jugendlichen Sportarten zu finden, die sie als passiv, aggressiv oder selbstbewusst bezeichnen würden.
- In einem weiteren Brainstorming nennen die Jugendlichen Marketing- oder Verkaufsmethoden, die sie als passiv, aggressiv oder selbstbewusst bezeichnen würden. Diese werden anhand einer Skala von 1 bis 10 bewertet (1 = passiv, 5 = selbstbewusst, 10 = aggressiv). Hierfür recherchieren die Jugendlichen in verschiedenen Medien, z.B. in Zeitschriften, Zeitungen, Werbung im Fernsehen, im Internet, in Werbebriefen und auf Litfaßsäulen.
- Die Jugendlichen überlegen, welche Musikstücke die drei Arten von Wut für sie widerspiegeln.

Produktiver Umgang mit Wut

Workout 6 Arbeitsblatt

Wie wirst du wütend?

Kreuze die Aussagen an, die auf dich zutreffen oder von denen du glaubst, dass sie wahr sind. Gehe danach die Liste noch einmal durch und schreibe ein „P" neben die drei Aussagen, die dir am meisten Probleme bereiten.

- ☐ Ich werde ziemlich wütend, wenn andere nicht meiner Meinung sind.
- ☐ Ich ärgere mich nicht gerne.
- ☐ Ich gebe lieber vor, derselben Meinung zu sein, als mich mit jemandem zu streiten.
- ☐ Bei Streitereien bin meistens ich derjenige, der nachgibt.
- ☐ Ich bin dafür bekannt, dass ich auf andere bedrohlich wirke.
- ☐ Wenn ich wütend werde, bekomme ich später ein schlechtes Gewissen.
- ☐ Ich behalte meine Wut lieber für mich, um Schwierigkeiten aus dem Weg zu gehen.
- ☐ Nach einem Streit fallen mir immer erst hinterher Dinge ein, die ich hätte sagen können.
- ☐ Ich ärgere mich sehr leicht.
- ☐ Es macht mich nervös, wenn andere wütend werden.
- ☐ Wenn ich wütend bin, ist mein Kopf leer und ich kann nicht mehr klar denken.
- ☐ Ich ärgere mich oft so sehr, dass ich gegen irgendetwas schlagen muss.
- ☐ Wenn ich auf jemanden wütend bin, ignoriere ich ihn.
- ☐ Wenn jemand sehr unhöflich zu mir ist, zahle ich es ihm irgendwann heim.
- ☐ Meine Wut verfliegt erst nach sehr langer Zeit.

Arbeitsblatt   *Workout 6*

Wie wirst du wütend? ❷

- [ ] Auch wenn ich ganz entspannt bin, kann ich innerhalb von wenigen Minuten stocksauer werden, wenn mich jemand ärgert.
- [ ] Wenn ich wütend bin, fühle ich mich nachher meistens unwohl.
- [ ] Meistens bereue ich hinterher, was ich tue, wenn ich wütend bin.
- [ ] Wenn ich richtig wütend bin, werfe ich mit Dingen um mich.
- [ ] Es ist nicht gut, wütend zu sein.
- [ ] Nette Menschen sind nie wütend.
- [ ] Es fällt mir schwer, anderen zu verzeihen.
- [ ] Manchmal bin ich so wütend, dass ich nicht mehr weiß, was ich tue.
- [ ] Ich ärgere mich über die unwichtigsten Dinge.
- [ ] Nachdem ich „explodiert" bin, geht es mir viel besser.
- [ ] Wenn ich wütend bin, verliere ich oft die Beherrschung.
- [ ] Ich gebe nur ungern zu, dass ich mich geirrt habe.
- [ ] Ich gehe Leuten aus dem Weg, auf die ich böse bin.
- [ ] Mir macht es Spaß, wütend zu werden.

Niemand kann sich die Umgebung aussuchen, in der er aufwächst. Und niemand kann etwas dafür, wie er als Kind behandelt wurde. Aber als erwachsene Menschen sind wir für unser Verhalten verantwortlich. Und wenn wir in unserer Kindheit nicht gelernt haben, wie wir positiv mit unserer Wut umgehen können, dann ist es jetzt höchste Zeit.

Produktiver Umgang mit Wut

Workout 6 — Arbeitsblatt

Wie wirst du wütend? ③

Du kannst selbst entscheiden, wie du reagierst, wenn du dich ärgerst:

FLÜCHTEN, MIT DER WUT UMGEHEN ODER EXPLODIEREN?

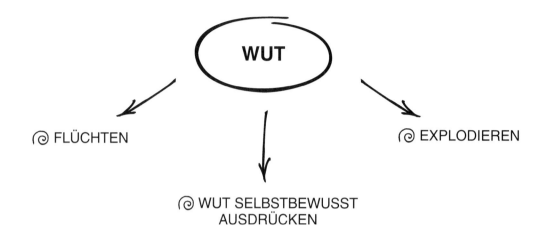

- Du kannst vor deinen Gefühlen flüchten, indem du deine Gefühle in dich „hineinfrisst" oder bestimmte Situationen ignorierst bzw. ihnen aus dem Weg gehst.

- Du kannst deine Wut selbstbewusst ausdrücken, indem du versuchst, das Problem auf eine friedliche Art und Weise zu lösen, z.B. durch einen Kompromiss.

- Du kannst explodieren, indem du in die Luft gehst, jemanden anmotzt oder körperliche Gewalt anwendest.

 **Wie stellst du dir diese drei Reaktionen bildlich vor?
Versuche zu skizzieren, was du mit diesen Reaktionen assoziierst.**

Flüchten	Wut selbstbewusst ausdrücken	Explodieren

Infos für Trainer — Workout 7

Tagebuch führen

Vorbereitung

Wenn ihr eure Wutgefühle beobachtet, könnt ihr viel über eure Gedanken, Gefühle und Verhaltensweisen lernen. Außerdem könnt ihr die Ursachen eurer Wut leichter feststellen. Nach einer Weile werdet ihr merken, dass bestimmte Themen oder Situationen immer wiederkehren. Wenn ihr diese Informationen sammelt, wird es euch leichter fallen, Strategien für euer Wut-Management zu finden.

Lernziele

- Beobachten, wie, wann, wie oft und warum man wütend wird.
- Lernen, woran man erkennt, dass man wütend ist.
- Ursachen von Wut feststellen.
- Sich überlegen, was man tun muss, um Probleme zu lösen.

Warm-up

Stellen Sie den Jugendlichen folgende Fragen:
- Was empfindet ihr außer der Wut noch, wenn ihr euch ärgert?
- Warum kann es hilfreich sein, eure Wut zu beobachten?
- Auf welche Faktoren solltet ihr besonders achten?
- Fallen euch Möglichkeiten ein, wie man Wut abbauen kann?
- Was ist der Unterschied zwischen Gefühlen und Gedanken?
- Nennt ein Beispiel für den Begriff „Handeln".

Workout

- Sprechen Sie mit den Jugendlichen über die Begriffe „Erkennen", „Ursachen feststellen" und „Handeln".
- Die Jugendlichen schreiben die für sie wichtigen Punkte des Arbeitsblattes in ein kleines Wut-Tagebuch und machen während des gesamten Wut-Workout-Trainings jeden Tag einen Eintrag in ihrem Wut-Tagebuch.
- Ein Freiwilliger berichtet über ein Erlebnis, das bei ihm Wut ausgelöst hat. Verdeutlichen Sie anhand dieses Beispiels, wie die Einträge ins Wut-Tagebuch erfolgen sollen.

Cool-down

- Nach einer Woche schreiben die Jugendlichen eine kurze Zusammenfassung ihrer Beobachtungen und Ergebnisse.

Zusatztraining

- Die Jugendlichen führen Tagebuch über wichtige Ereignisse, Erlebnisse mit anderen sowie ihre persönlichen Gedanken und Gefühle.
- Teilen Sie die Gruppe in Teams ein. Schreiben Sie verschiedene Verhaltensweisen, Gedanken, Gefühle und deren Folgen, die in Wut-Situationen auftreten, auf Karteikarten. Die Jugendlichen eines Teams ziehen nun eine Karte und stellen den darauf stehenden Begriff pantomimisch dar. Das andere Team muss raten, was dargestellt wird. Danach werden die Rollen getauscht.
- Die Jugendlichen stellen in kleinen Gruppen in Sequenzen von vier bis sechs „lebenden Bildern" den Verlauf einer Wut-Situation dar.
Beispiele: Eine Mannschaft verliert bei einem Sportwettkampf, jemand hat einen Unfall mit Blechschaden, jemand fällt durch eine Prüfung. Sprechen Sie mit den Jugendlichen über die dargestellten Szenen und stellen Sie den Bezug zu den drei Schritten *„Erkennen, Ursachen feststellen, Handeln"* her.

Produktiver Umgang mit Wut

Workout 7   Arbeitsblatt

Tagebuch führen

Wenn du lernen möchtest, besser mit deinen Wutgefühlen umzugehen, solltest du in Wut-Situationen nach den folgenden drei Schritten handeln:

1. Gefühle und Gedanken erkennen
Zuerst musst du erkennen, was du empfindest und denkst und wie du dich verhältst, wenn du wütend bist. Am besten achtest du darauf, wie dein Körper in verschiedenen Situationen reagiert.

2. Ursachen feststellen
In einem zweiten Schritt musst du herausfinden, warum du dich ärgerst. Das ist manchmal schwierig, weil man hierzu die Situation objektiv beurteilen und dann feststellen muss, was genau die Wut letzten Endes ausgelöst bzw. zu ihr geführt hat. Eventuell wirst du dir eingestehen müssen, dass die Wut die Folge deines eigenen Handelns ist.

3. Handeln
Wenn du deine Wut erkannt und die Ursache festgestellt hast, musst du aktiv werden und handeln. Du solltest versuchen, eine Lösung für die Ursache deiner Wut zu finden.

Wenn du deine Wutgefühle beobachtest und über sie Buch führst, erhältst du viele wichtige Informationen über die Auslöser deiner Wut. Du wirst leichter verstehen, warum du dich in bestimmten Situationen ärgerst und wie du mit diesem Ärger umgehst.

Wenn du dich geärgert hast, solltest du die folgenden Fragen möglichst sofort in deinem Wut-Tagebuch beantworten. Am besten verwendest du ein kleines Notizbuch, das in deine Hosen- oder Handtasche passt. Schreibe diese Fragen auf jede Seite und führe einen Monat lang Buch darüber, wie du bei Wut reagierst.

- Was ist passiert?
- Wann ist es passiert? (Datum und Uhrzeit)
- Wo war ich? (Ort)
- Was habe ich gedacht?
- Was habe ich gemacht?
- Habe ich eine Strategie angewandt, um meine Wut abzubauen?
- Wie ging es aus?
- Wie hätte ich besser mit meiner Wut umgehen können?

Schreibe nach einer Woche eine kurze Zusammenfassung über deine Beobachtungen und Ergebnisse.

Infos für Trainer — Workout 8

Was läuft hier schief?

Vorbereitung

Wenn ihr einen Fehler macht, solltet ihr ihn wieder gutmachen und dann nicht mehr daran denken. Wer sich den Fehler immer wieder durch den Kopf gehen lässt und Dinge denkt wie *„Ich hätte das und das sagen sollen"* oder *„Das hätte ich wirklich nicht tun sollen"*, der verschwendet seine Zeit, weil er sich über etwas Gedanken macht, an dem er nichts mehr ändern kann. Wenn man nicht aufhört, sich Vorwürfe zu machen, geht es einem immer schlechter. Niemand ist perfekt. Entscheidend ist, dass wir aus unseren Fehlern lernen.
Denkt also lieber darüber nach, was schiefgelaufen ist, was ihr hättet besser machen können und was ihr tun werdet, falls etwas Ähnliches noch einmal passiert. Danach solltet ihr die Sache abhaken.

Lernziele

- Erkennen, welche Ereignisse einer bestimmten Wut-Situation vorausgegangen sind.
- Erkennen, was in verschiedenen Situationen schiefgelaufen ist.
- Bestimmen, welche Handlung zu einem besseren Ende führt.

Warm-up

Stellen Sie den Jugendlichen folgende Fragen:
- Durch welche Verhaltensweisen fühlen sich Menschen gekränkt oder werden wütend? (Beispiele: Wenn jemand sie hänselt, beleidigt, unnötig laut wird, mit dem Finger auf sie zeigt oder sich ihnen gegenüber ungerecht verhält.)
- Warum ist es wichtig, sich noch einmal mit einer Situation zu befassen, die nicht gut gelaufen ist?
- Warum sollte man eine Situation nicht immer wieder in Gedanken durchspielen?
- Sagt ihr euch auch manchmal *„Hätte ich doch nur das und das getan"*, *„Wenn ich doch nur das und das gesagt hätte"* oder *„Das hätte ich nicht tun sollen"*? Inwiefern sind solche Gedanken eine Hilfe, inwiefern können sie schaden?
- Wie können wir aus unseren Fehlern lernen, wenn wir uns geärgert haben?

Workout

- Die Jugendlichen lesen sich die beiden Szenen auf dem Arbeitsblatt durch, stellen fest, was schiefgelaufen ist, und überlegen sich Reaktionen, die zu einem besseren Verlauf der Situationen geführt hätten.

Cool-down

- Gehen Sie mit den Jugendlichen ihre Antworten durch und sprechen Sie mit ihnen darüber, welche Reaktionen zu einem besseren Verlauf der einzelnen Szenen geführt hätten.

Zusatztraining

- Statt die Antworten vorzulesen, können die Jugendlichen die beschriebenen Reaktionen auch schauspielerisch darstellen.
- In Gruppen verfassen die Jugendlichen eigene Beschreibungen von Szenen, in denen etwas schiefgelaufen ist, und erklären, wie das Ganze positiv hätte ausgehen können.
- Die Jugendlichen beschreiben in ihrem Tagebuch ein Erlebnis, das nicht gut ausgegangen ist. Dann verfassen sie einen kurzen Text darüber, wie man das Problem hätte lösen können.

Beim nächsten Mal werde ich versuchen, ruhig zu bleiben!

Workout 8 — Arbeitsblatt

Was läuft hier schief?

Die unten beschriebenen Situationen gehen nicht gerade gut aus. Aber die Wutausbrüche wären zu vermeiden gewesen. Lies dir die Beschreibungen durch und finde heraus, was schiefgelaufen ist. Überlege dir dann, wie die Situation ein besseres Ende gefunden hätte.

1.

Frank kommt nachts eine Stunde später nach Hause als vereinbart. Seine Mutter ist noch wach und hat sich Sorgen um ihn gemacht. Sie ist sauer, weil sie in fünf Stunden zur Arbeit muss und noch kein Auge zugemacht hat. Als Frank nach Hause kommt, fragt sie ihn ungeduldig: „Wo warst du denn die ganze Zeit? Ich habe mir solche Sorgen gemacht!" Er erwidert: „Ich habe einfach nicht auf die Zeit geachtet. Das ist doch nicht so schlimm." „Doch, das ist es!", ruft seine Mutter. „Ich habe deinetwegen nicht schlafen können. Das ist jetzt schon das dritte Mal in diesem Monat. Ab jetzt bleibst du jeden Abend zu Hause!" Wütend ruft Frank: „Du übertreibst echt!" „Wenn du dich nicht an das halten willst, was ich sage, kannst du ja gehen!", schreit seine Mutter zurück. Frank nimmt seine Tasche und verschwindet.

Schreibe in dein Heft.
Was ist hier schiefgelaufen?
Was hätte zu einem besseren Ausgang der Situation geführt?

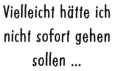

Wut Workout

Arbeitsblatt Workout 8

Was läuft hier schief?

2.

Matthias schwärmt für Carina und erzählt seinem besten Freund Michael von ihr. Von da an schenkt Michael ihr immer mehr Aufmerksamkeit, und Matthias wird eifersüchtig. Eines Tages sieht er die beiden zusammen und glaubt, dass sie miteinander flirten. Er findet, dass das zu weit geht. Matthias schreit Michael an und wirft ihm vor, rücksichtslos zu sein, sein Vertrauen missbraucht und ihm Carina weggenommen zu haben. Michael und Carina fangen an zu lachen und sagen ihm, er sei ein Idiot und würde unter Verfolgungswahn leiden.
Matthias befürchtet, dass die beiden nun nichts mehr mit ihm zu tun haben wollen.

Schreibe in dein Heft.
Was ist hier schiefgelaufen?
Was hätte zu einem besseren Ausgang der Situation geführt?

Produktiver Umgang mit Wut

Workout 9 — Infos für Trainer

Drei Wut-Stufen

 Vorbereitung

Denke eine Minute lang darüber nach, woran du erkennst, dass jemand sich ärgert oder kurz davor ist, in die Luft zu gehen. Wie sieht man dann aus? Wie hört man sich an und wie bewegt man sich?

Wenn du erkennst, wann jemand wütend ist, kannst du die Eskalation einer Situation vielleicht verhindern. Wenn du außerdem bei dir selbst auf Anzeichen von Wut achtest, lernst du deinen Körper zu verstehen. Sobald du also bei dir Anzeichen von Wut feststellst, solltest du versuchen, dich zu beruhigen, um positiver reagieren zu können.

 Lernziele

- Die drei Begriffe *„leicht genervt"*, *„verärgert"* und *„wütend"* bildlich darstellen und die Bilder beschriften.
- Anzeichen dieser drei Abstufungen von Wut beschreiben und dabei alle fünf Sinne einbeziehen.
- Diese drei Wut-Stufen schauspielerisch darstellen.

 Warm-up

Stellen Sie den Jugendlichen folgende Fragen:
- Warum ist es hilfreich, bei euch selbst und bei anderen die verschiedenen Wut-Stufen erkennen zu können?
- An welchen Anzeichen könnt ihr erkennen, dass jemand wütend wird?
- Was ist der Unterschied zwischen *„leicht genervt"* und *„verärgert"*?
- Woran kann man erkennen, dass jemand leicht genervt ist?
- Woran kann man erkennen, dass jemand wütend ist?
- Benennt die fünf Sinne. Wie wirkt es sich auf die einzelnen Sinne aus, wenn man sich ärgert?

 Workout

- Zeichnen Sie an der Tafel eine Tabelle mit drei Spalten: *„leicht genervt"*, *„verärgert"* und *„wütend"*.
- In einem Brainstorming sammeln die Jugendlichen Begriffe, die die einzelnen Wut-Stufen beschreiben.
- Schreiben Sie die fünf Sinne an die Tafel. Die Jugendlichen suchen sich eine der Wut-Stufen aus und beschreiben, wie diese die fünf Sinne beeinflusst.

 Cool-down

- Die Jugendlichen suchen in Zeitungen und Zeitschriften nach Beispielen für die drei Wut-Stufen. Die Beispiele werden sortiert und auf drei verschiedene Plakate geklebt.
- Die Jugendlichen überlegen sich drei Musikinstrumente, mit denen sich die drei Wut-Stufen darstellen lassen (z.B. Tamburin, Trommel und Schlagzeug).

 Zusatztraining

- Sehen Sie sich mit der Gruppe einen Film an, in dem Personen vorkommen, die sich verschieden stark ärgern.
- Die Jugendlichen denken sich ein Rollenspiel aus, in dem die drei Wut-Stufen dargestellt werden. Während einige es aufführen, sollen die anderen zusehen und die Hand heben, wenn ihrer Meinung nach der Übergang von einer Wut-Stufe zur nächsten deutlich wird. Sie können auch Karteikarten hochhalten, auf denen die Bezeichnung der jeweiligen Wut-Stufe steht.
- Machen Sie mit der Gruppe einen Spaziergang. Die Jugendlichen sollen Beispiele aus der Natur notieren, die für sie die drei Wut-Stufen symbolisieren. Die Antworten werden dann in eine Tabelle eingetragen:

leicht genervt	verärgert	wütend
Vögel fliegen herum	Wind nimmt zu	Gewitter

Arbeitsblatt Workout 9

Drei Wut-Stufen

Versuche die drei Wut-Stufen (leicht genervt, verärgert, wütend) bildlich darzustellen und beschreibe sie. Berücksichtige hierbei auch körperliche Anzeichen und typische Verhaltensweisen. Denke beim Beschreiben der drei Wut-Stufen auch an die fünf Sinne (Sehen, Hören, Riechen, Fühlen und Schmecken).

leicht genervt

verärgert

wütend

Beim Umgang mit Wut (bei der eigenen oder im Umgang mit anderen) ist es sehr wichtig, zu erkennen, dass du dich ärgerst. Dann kannst du verhindern, dass du noch wütender wirst und die nächste Wut-Stufe erreichst.

Fünf mal fünf

Zeichne den Umriss deiner Hand fünfmal auf 5 DIN-A4-Blättern nach. Schreibe auf jeden Finger der gezeichneten Hand einen Sinn. Schreibe an jeden Finger zu fünf verschiedenen Tageszeiten auf, was du mit dem jeweiligen Sinn wahrnimmst. Die Uhrzeit schreibst du auf die Handfläche. Was fühlst, siehst, hörst, schmeckst und riechst du zu den unterschiedlichen Tageszeiten?

Produktiver Umgang mit Wut

Workout 10 — Infos für Trainer

Der Wut-Fragebogen

 Vorbereitung

Es ist nicht einfach, objektiv zu beurteilen, was man denkt, wie man sich fühlt und wie man sich verhält. Aber wenn ihr eure Stärken und Schwächen genau betrachtet, werdet ihr feststellen, in welchen Bereichen ihr etwas verändern oder verbessern könnt. Eine „persönliche Inventur" kommt jedem zugute. Wir alle haben bestimmte Fehler und Schwächen, und deshalb kann jeder an seinem Verhalten arbeiten.

 Lernziele

- Im Rahmen einer „persönlichen Inventur" Informationen über die persönliche Wut und Aggressivität sammeln.
- Die persönliche Wut bzw. Aggressivität anhand von Fragen und einer Skala beurteilen.

 Warm-up

Stellen Sie den Jugendlichen folgende Fragen:
- Erinnert ihr euch noch daran, wann ihr das letzte Mal wütend wart? Wann war das – heute, gestern, diese Woche, letzten Monat oder letztes Jahr?
- Warum ist es hilfreich, Informationen über die eigene Aggressivität und die eigene Wut zu sammeln?
- Wie könnt ihr diese Informationen verwenden, um euch Ziele zu setzen und euch zu ändern?

 Workout

- Die Jugendlichen füllen das Arbeitsblatt aus.

 Cool-down

- Sprechen Sie mit den Jugendlichen über die Strategien, die sie angewandt haben, um Wut abzubauen oder zu vermeiden. Haben sie funktioniert? Schreiben Sie diese Strategien an die Tafel.
- Die Jugendlichen schreiben einen kurzen Text über die Dinge in ihr Tagebuch, die ihnen beim Ausfüllen des Arbeitsblattes bei der „persönlichen Inventur" aufgefallen und klargeworden sind.
- Auf Karteikarten schreiben die Jugendlichen den Satz „Was ich unbedingt über Wut lernen möchte, ist ..." zu Ende. Sammeln Sie dann alle Karten ein.

 Zusatztraining

- Die Jugendlichen versetzen sich in folgende Situation: Ein Kind (etwa 7 bis 9 Jahre alt) hat Probleme, seine Wut unter Kontrolle zu halten. Was würdet ihr ihm raten? Welche Informationen würden ihm helfen, besser mit seinen Wutgefühlen umzugehen? Die Jugendlichen schreiben einen kurzen Text mit nützlichen Ratschlägen.
- Die Jugendlichen recherchieren in Gruppen im Internet und in Zeitungen über Umweltprobleme, die viele Menschen beschäftigen und ärgern. Sie entscheiden sich für ein bestimmtes Thema (Wasserverschmutzung, Erwärmung der Erdatmosphäre, Artensterben usw.) und berichten den anderen, was sie herausgefunden haben. Dann diskutieren sie darüber, wie man seine Wut konstruktiv nutzen kann, um etwas zu bewegen.
- Die Jugendlichen stellen sich vor, sie wären selbst „Wut-Trainer" und würden ihren eigenen Inventur-Fragebogen lesen. Was würden sie sich selbst raten? Welche Vorschläge würden sie machen? An welchen Bereichen muss noch gearbeitet werden?

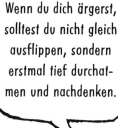

Wenn du dich ärgerst, solltest du nicht gleich ausflippen, sondern erstmal tief durchatmen und nachdenken.

36

Arbeitsblatt Workout 10

Der Wut-Fragebogen.

Fakten sammeln

1. Beschreibe die Situation, in der du dich das letzte Mal geärgert hast und aggressiv geworden bist. (Wenn der Platz nicht ausreicht, kannst du auf der Rückseite weiterschreiben.)

Wann? Datum: _____ Uhrzeit: _____

Wo warst du? _____

Was ist passiert?
_____
_____

Was hast du gedacht?
_____

Beschreibe deine Gefühle:
_____

Beschreibe, was du getan hast:
_____

Was ist daraufhin passiert?
_____

Wie oft ist dir so etwas schon passiert?

☐ Schon oft. ☐ Selten. ☐ Noch nie.

2. Wie häufig wirst du richtig wütend und aggressiv?

_____ Mal am Tag. _____ Mal pro Woche. _____ Mal pro Monat.

3. Worüber ärgerst du dich oft?
_____
_____

Produktiver Umgang mit Wut

Workout 10 — Arbeitsblatt

Der Wut-Fragebogen

	Ja	Nein
4. Hast du wegen deiner Wutausbrüche schon einmal Probleme bekommen?	☐	☐
Hat dich ein Lehrer wegen deiner Wut schon einmal aus dem Unterricht geschickt?	☐	☐
Bist du wegen deiner Wut schon einmal mit dem Gesetz in Konflikt geraten?	☐	☐
Bist du wegen deiner Wut schon einmal eines öffentlichen Platzes verwiesen worden (z.B. Schule, Sportplatz, Kino)?	☐	☐

5. Welche Strategien hast du ausprobiert, um besser mit deinen Wutgefühlen umzugehen? Haben sie funktioniert (bitte erklären)?

_____

_____

_____

_____

_____

_____

_____

_____

_____

_____

_____

Arbeitsblatt — Workout 10

Der Wut-Fragebogen

6. Selbstbeurteilung

Wie häufig stellst du die folgenden Verhaltensweisen bei dir fest?
Verwende für die Antworten die Zahlen von 0 bis 4.

| 0 | = nie | | 1 | = selten | | 2 | = manchmal | | 3 | = oft | | 4 | = ständig |

☐ Ich beschimpfe andere.

☐ Ich kränke andere.

☐ Ich mache absichtlich etwas kaputt.

☐ Ich tue anderen absichtlich weh.

☐ Ich werfe mit Dingen.

☐ Ich schreie andere an.

☐ Ich verliere die Beherrschung.

☐ Ich räche mich an anderen.

☐ Ich habe Lust, andere zu schlagen.

☐ Ich schubse, schlage oder trete andere.

Wenn du die Punkte deiner Antworten zusammenzählst,
kannst du feststellen, wie aggressiv du bist.

 0–10 **Punkte:** kaum aggressiv
11–20 **Punkte:** mittelstark aggressiv
21–30 **Punkte:** sehr aggressiv
31–40 **Punkte:** extrem aggressiv

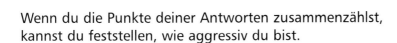
Produktiver Umgang mit Wut

Workout 11 — **Infos für Trainer**

Der Wut-Fitness-Test

Vorbereitung

Wer seine Wut objektiv betrachten und beurteilen kann, kann bestimmen, wann Wut schadet. Der erste Schritt zu einem besseren Umgang mit Wut ist, sich genauer mit ihr zu befassen und Buch über sie zu führen.

Lernziele

- Wut mit Hilfe des Wut-Fitness-Tests einschätzen.
- Gedanken und Gefühle von Personen beschreiben, die beim Wut-Fitness-Test eine hohe bzw. niedrige Punktzahl erzielt haben.
- Möglichkeiten finden, wie Personen geholfen werden kann, die beim Wut-Fitness-Test eine hohe Punktzahl erzielt haben.

Warm-up

Stellen Sie den Jugendlichen folgende Fragen:
- Wie stellt ihr euch das Leben von jemandem vor, für den Wut ein großes Problem ist? Wie ergeht es ihm in der Schule oder bei der Arbeit? Wie sehen seine Beziehungen zu anderen Menschen aus?
- Warum fällt es vielen Menschen schwer, zu erkennen, dass Wut für sie ein Problem darstellt?
- Ist Wut auch für euch ein Problem? Wählt die entsprechende Zahl zwischen 1 und 10, wobei 1 für ein geringes, 10 für ein schwerwiegendes Problem steht. Merkt euch diese Zahl.

Workout

- Schreiben Sie die vier Elemente des Wut-Fitness-Tests (Häufigkeit, Intensität, Dauer und Art/Typ) an die Tafel und sprechen Sie mit den Jugendlichen darüber.
- Die Jugendlichen führen den Wut-Fitness-Test auf dem Arbeitsblatt durch.
- Sprechen Sie mit ihnen darüber, wo sie Hilfe erhalten können, wenn sie Probleme mit ihren Wutgefühlen haben.

Cool-down

- Die Jugendlichen stellen sich vor, ein guter Freund von ihnen hätte Probleme, mit seiner Wut umzugehen. Was würden sie ihm raten, wie würden sie ihm helfen?
- Die Jugendlichen nennen weitere Möglichkeiten, die eigenen Wutgefühle zu beobachten.

Zusatztraining

- Die Jugendlichen beschreiben einen Tag im Leben einer Person, der eine sehr hohe Punktzahl beim Wut-Fitness-Test erzielt hat.
- Die Jugendlichen lassen zwei andere Personen aus ihrem Bekanntenkreis den Wut-Fitness-Test machen. Dann sprechen sie über die Unterschiede und Ähnlichkeiten der Ergebnisse.
- Die Jugendlichen erarbeiten in Gruppen Workouts für Menschen, die sehr leicht wütend werden.

Arbeitsblatt — Workout 11

Der Wut-Fitness-Test.

Sportler befolgen bestimmte Grundsätze, um gesund und in Form zu bleiben:

- Sie trainieren drei- bis fünfmal pro Woche.
- Sie stimmen die Intensität des Trainings auf die Zielherzfrequenz ab.
- Sie trainieren immer ungefähr für die gleiche Zeitspanne.
- Sie trainieren verschiedene Elemente: Herz-Kreislauf-Training, Stärke, Ausdauer und Beweglichkeit.

Sie richten also ihr Training nach den Elementen aus, aus denen auch der Wut-Fitness-Test besteht: **Häufigkeit, Intensität, Dauer und Art**. Beim Wut-Fitness-Test sollte man natürlich darauf hinarbeiten, eine möglichst geringe Punktzahl zu erreichen.

Häufigkeit: Wie oft ärgerst du dich?
Intensität: Wie stark ist deine Wut?
Dauer: Wie lange hält deine Wut an?
Art: Bist du aggressiv, gewalttätig, passiv-aggressiv oder selbstbewusst?

 Beantworte die folgenden Fragen möglichst ehrlich und objektiv. Kreuze die zutreffenden Antworten bzw. Zahlen an.

Häufigkeit: Wie oft ärgerst du dich normalerweise?

- ☐ 1–2 Mal pro Woche. (1)
- ☐ 3–6 Mal pro Woche. (2)
- ☐ 7–10 Mal pro Woche. (3)
- ☐ 2–4 Mal pro Tag. (4)
- ☐ 4–8 Mal pro Tag. (5)
- ☐ mehr als 8 Mal pro Tag. (6)

Intensität: Wie stark ist deine Wut durchschnittlich?

1	2	3	4	5	6	7	8	9	10
gering				mittelstark					extrem stark

Produktiver Umgang mit Wut

Workout 11 — Arbeitsblatt

Der Wut-Fitness-Test ❷

🌀 **Dauer:** Wie lange hält deine Wut normalerweise an?

- ☐ wenige Minuten oder noch kürzer (1)
- ☐ 5–10 Minuten (2)
- ☐ eine halbe bis eine Stunde (2)
- ☐ 1–4 Stunden (3)
- ☐ 5–8 Stunden (3)
- ☐ 9–12 Stunden (3)
- ☐ 1–3 Tage (5)
- ☐ länger als 3 Tage (6)

🌀 **Art:** Wie reagierst du normalerweise, wenn du dich ärgerst?

- ☐ **gewalttätig:** Ich trete oder schlage gegen Gegenstände, mache Dinge kaputt oder werfe sie herum.
- ☐ **aggressiv:** Ich versuche mich zu behaupten und schreie dabei andere an oder beschimpfe sie.
- ☐ **passiv-aggressiv:** Hinter dem Rücken rede ich schlecht über andere, stehle ihnen Sachen oder mache diese absichtlich kaputt.
- ☐ **selbstbewusst:** Ich behaupte mich, nehme dabei aber auch Rücksicht auf die Rechte anderer. Ich versuche die Ursachen von Wut zu finden und zu beseitigen, verhandele und gehe Kompromisse ein oder diskutiere mit den anderen über das Problem.

Auswertung

Mit dieser Formel kannst du dir deine Wut-Fitness ausrechnen.

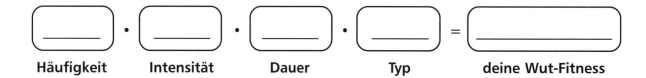

Häufigkeit · Intensität · Dauer · Typ = deine Wut-Fitness

Arbeitsblatt Workout 11

Der Wut-Fitness-Test.

- **Häufigkeit**
  Trage die Summe der von dir angekreuzten Antworten in die Formel ein.

- **Intensität**
  Trage die Zahl in die Formel ein, mit der du die durchschnittliche Stärke deiner Wut bewertet hast.

- **Dauer**
  Trage die Summe der von dir angekreuzten Antworten in die Formel ein.

- **Art**
  Wenn du „selbstbewusst" angekreuzt hast, trägst du eine 1 in die Formel ein, in allen anderen Fällen eine 2.

Ergebnisse:

Weniger als 10 Punkte:
Deine Wut-Fitness ist ausgezeichnet! Wenn du jede Woche übst, wird deine Wut dir keine größeren Probleme bereiten. Die Strategien, die du anwendest, funktionieren gut. Weiter so!

10–50 Punkte:
Du kannst dich noch verbessern, wenn du regelmäßig mit den Wut-Workouts trainierst.

50–100 Punkte:
Du solltest dir Zeit nehmen, dich mit deinen Wutgefühlen zu beschäftigen.

100–150 Punkte:
Du musst lernen, deine Wut besser zu kontrollieren. Trainiere regelmäßig mit den Wut-Workouts.

Mehr als 150 Punkte:
Du musst dich unbedingt mehr mit deinen Wutgefühlen auseinandersetzen. Wenn du das nicht tust, könnten Wutgefühle in deinem Alltag zu einem großen Problem werden.

Workout 12 — Infos für Trainer

Trainiere dein Mundwerk

1 Vorbereitung

In diesem Workout lernt ihr, eure inneren Monologe für das Wut-Management zu nutzen. Innere Monologe sind alles das, was ihr zu euch selbst sagt, aber nicht laut ausspricht. Man kann innere Monologe also als „Selbstgespräche" bezeichnen, die lautlos in euren Köpfen ablaufen, z.B. wenn ihr eine Entscheidung abwägt oder eine Situation beurteilt. Sie können euch dabei helfen, mit eurer Wut besser umzugehen. Wenn euch jemand ärgert und ihr merkt, dass ihr wütend werdet, solltet ihr euch innerlich ermahnen, euch zu beruhigen und zu entspannen. Auf diese Weise könnt ihr, eure Wutgefühle unter Kontrolle bekommen. Wenn ihr selbstbewusst seid und euch selbst Mut zusprecht, lernt ihr, mit vielen schwierigen Situationen besser umzugehen.

2 Lernziele

- Positive und negative Arten innerer Monologe erkennen.
- Verstehen, wie innere Monologe Wut beeinflussen können.
- Lernen, wie man mit inneren Monologen Wutgefühlen entgegenwirken kann.

3 Warm-up

Stellen Sie den Jugendlichen folgende Fragen:
- Was geht wohl einem Läufer kurz vor Beginn des Marathons durch den Kopf? Was denkt ein Bergsteiger, der sich am Fuße des Bergs auf den Aufstieg vorbereitet? Und was für Gedanken hat ein Fußballspieler, der in Kürze am Finale der Weltmeisterschaft teilnehmen wird?
- Die Jugendlichen beantworten die Fragen in ihren Heften. Diskutieren Sie mit ihnen über die unterschiedlichen Antworten.

4 Workout

- Diskutieren Sie mit den Jugendlichen über folgende Aussagen: Wie erfolgreich würden die Sportler wohl sein, wenn sie Folgendes denken würden:
  - *„Ich schaffe bestimmt nicht einmal fünf Kilometer der kompletten Marathonstrecke."*
  - *„Ich komme nie bis ganz nach oben."*
  - *„Das schaffe ich nie!"*
  - *„Die andere Mannschaft wird uns niederwalzen."*
  - *„Bestimmt verletze ich mich heute."*
- In einem Brainstorming sammeln die Jugendlichen Sätze, die bei einem inneren Monolog destruktiv bzw. konstruktiv auf ihre Wut wirken würden.
- Sprechen Sie darüber, wie sehr man durch innere Monologe das eigene Verhalten beeinflussen kann. Diskutieren Sie mit den Jugendlichen, wie man Wut mit Hilfe von inneren Monologen unter Kontrolle bekommen kann.
- Die Jugendlichen lesen das Arbeitsblatt und bearbeiten die Aufgaben.

5 Cool-down

- Zeigen Sie anhand von Beispielen, wie man mit Hilfe von inneren Monologen verhindern kann, dass man sich zu sehr ärgert.
- Die Jugendlichen schreiben Beispiele für positive innere Monologe auf Klebezettel und hängen diese im Raum auf. Sprechen Sie mit ihnen darüber, wann sie diese Beispiele einsetzen können.
- Die Jugendlichen sammeln Formulierungen für innere Monologe und notieren sie in ihr Tagebuch. Machen Sie ihnen bewusst, dass außer ihnen niemand weiß, was sie denken. Deshalb sollten sie die Formulierungen verwenden, die bei ihnen gut funktionieren.

6 Zusatztraining

- Die Jugendlichen machen sich „Erinnerungskarten", damit sie nicht vergessen, die Technik des positiven inneren Monologs anzuwenden. Sie notieren sich Formulierungen zur Vermeidung von Wut und illustrieren diese mit Logos oder kleinen Zeichnungen. Diese Karten sollten die Jugendlichen immer griffbereit haben. Beispiele: *„Ruhig bleiben"*; *„Erst nachdenken, dann handeln"*; *„Alles unter Kontrolle?"*
- Die Jugendlichen zeichnen einen Comic, in dem es um eine Wut-Situation geht und in dem „echte" Dialoge und „innere" Monologe vorkommen.

Arbeitsblatt   Workout 12

Trainiere dein Mundwerk

Wenn du alles aufschreiben würdest, was du im Verlauf einer Woche zu dir selbst sagst, könntest du vermutlich mehrere Bücher damit voll schreiben. Was du dir selbst sagst, hilft dir, eine Situation zu verstehen und zu handeln. Aber wenn wir wütend oder aufgeregt sind, denken wir leider oft Dinge, die uns noch mehr aufregen.

Denkst du manchmal Sachen wie:

- „Ganz schön unverschämt!"
- „Wie kann sie/er mir nur so etwas antun?"
- „Das zahle ich ihnen heim."
- „Die sind mir sowieso völlig egal."
- „Was fällt ihm ein, mich so zu behandeln?"

Wenn dir solche oder ähnliche Gedanken durch den Kopf gehen, wirst du meistens noch wütender. Es wäre besser, wenn du dich mit Hilfe deiner Gedanken beruhigen würdest, z.B. so:

- „Das kriege ich schon hin."
- „Wir werden das bestimmt lösen."
- „Das meinten sie sicher nicht so."
- „Ich werde nicht die Beherrschung verlieren."
- „Wie können wir beide das Problem lösen?"

Mit dieser Art von inneren Monologen kannst du Wutgefühle vermeiden. Überlege dir jetzt selbst ein paar positive Sätze, die du das nächste Mal benutzen kannst, wenn du dich ärgerst. (Wenn der Platz nicht ausreicht, kannst du auf der Rückseite weiterschreiben.)

_____
_____
_____
_____
_____
_____

In welchen Situationen würdest du sie einsetzen?

_____
_____
_____
_____
_____

Denke daran, dass „NACHDENKEN" immer zwischen „EMPFINDEN" und „HANDELN" stehen sollte:

1. EMPFINDEN
2. NACHDENKEN
3. HANDELN

Wer impulsiv handelt und seiner Wut nachgibt, hat vermutlich den zweiten Schritt vergessen.

Produktiver Umgang mit Wut

Workout 13 — Infos für Trainer

Aufbautraining

 Vorbereitung

Ebenso wichtig, wie mit sich selbst zu sprechen, ist es, mit anderen zu sprechen, ihnen zu helfen, sie zu ermutigen und damit ihr Selbstbewusstsein zu stärken. Diese Verhaltensweisen nennt man auch **„einen anderen Menschen aufbauen"**. Ihr könnt z.B. den Zusammenhalt eurer Fußballmannschaft oder einer anderen Gruppe sehr positiv beeinflussen, wenn ihr andere Mitglieder aufbaut.

 Lernziele

- Verstehen, warum es wichtig ist, anderen zu helfen.
- Beispiele für unterstützendes Verhalten nennen und lernen, es anzuwenden.

 Warm-up

Lesen Sie folgende Situationsbeschreibungen vor und stellen Sie die jeweiligen Fragen dazu:
- Jemand versetzt eurem Selbstvertrauen mit einer Bemerkung einen Dämpfer, als ihr euch gerade sehr über oder auf etwas gefreut hattet. *Was hat derjenige gesagt? Wie hat das auf euch gewirkt?*
- Ihr seid aufgeregt oder macht euch Sorgen, weil etwas Neues auf euch zukommt. *Hat euch jemand „aufgebaut" und euch geholfen, Selbstvertrauen zu gewinnen? Wie hat derjenige euch geholfen? Wie habt ihr euch dann gefühlt?*
- Etwas hat nicht so geklappt, wie ihr es euch gewünscht habt. Aber dann sagt jemand etwas zu euch und es geht euch schon wieder viel besser. *Was hat derjenige gesagt? Und warum hat es euch geholfen?*

 Workout

- Sprechen Sie mit der Gruppe darüber, wie die Mitglieder einer Hockey-, Basketball- oder Fußballmannschaft sich gegenseitig helfen und unterstützen. Was würde passieren, wenn sie dies nicht tun würden? Wie bauen sie sich gegenseitig auf?
- Die Jugendlichen bearbeiten, jeder für sich, die Aufgaben auf dem Arbeitsblatt.

 Cool-down

- Die Jugendlichen schreiben einer Person, die ihnen einmal geholfen hat, einen Brief. Sie können den Brief in ihr Tagebuch schreiben oder der betreffenden Person tatsächlich auch geben. In diesem Brief sollen sie demjenigen mitteilen, was er damals zu ihnen gesagt hat und wie er ihnen damit geholfen hat.
- Fordern Sie die Jugendlichen auf, nach Beispielen für Situationen zu suchen, in denen andere sie unterstützt haben (z.B. durch aufbauende Worte oder Handlungen). Dann berichten sie den anderen davon oder schreiben darüber einen kurzen Text in ihr Tagebuch.

 Zusatztraining

- Die Jugendlichen gestalten Plakate, mit denen andere motiviert werden sollen, sich gegenseitig zu helfen. Dazu denken sie sich Slogans aus (z.B. „Teamarbeit zahlt sich aus!"). Hängen Sie die Plakate gemeinsam an zentralen Orten auf, z.B. auf dem Korridor einer Schule, im Pausenraum oder in der Sporthalle.
- Die Jugendlichen nehmen an einem „Vertrauenslauf" oder einer anderen Aktivität teil, bei der sie mit anderen zusammenarbeiten und sich auf sie verlassen müssen. So könnte einer von ihnen sich, wie beim „Vertrauenslauf", die Augen verbinden und sich von den anderen führen lassen.
- In kleinen Gruppen denken sich die Jugendlichen eine Geschichte über eine Person aus, die mit ihrem Handeln die Welt verändert hat, und schreiben diese auf.

Aufbautraining

Anderen Menschen zu helfen, ist eine gute Möglichkeit, sie aufzumuntern. Vielen Menschen tut es außerdem selbst sehr gut, anderen zu helfen. Stelle dir vor, du spielst in einer Hockeymannschaft mit, und ihr seid gerade dabei, ein Spiel zu verlieren. Der Star eures Teams ist einfach nicht gut drauf. Ihr könnt aber nur mit seiner Hilfe gewinnen. Deshalb müsst ihr ihn aufbauen und ihn dazu bringen, das Spiel für eure Mannschaft zu entscheiden.

Während einer Spielpause stellt ihr euch in einem so genannten „Knäuel" auf (einem engen Kreis, bei dem man einander die Arme um die Schultern legt), um den Star eurer Mannschaft aufzubauen. Schreibe Sätze oder Aufforderungen in die Sprechblasen, mit denen die Mannschaftsmitglieder den besten Spieler anfeuern können.

3... 2... 1... : _____
Trage hier einen Anfeuerungsschrei ein.

Workout 14 — Infos für Trainer

Passiv-aggressive Wut

Vorbereitung

Du kannst nicht immer deutlich erkennen, dass jemand wütend ist. Wenn man andere kritisiert, schneidet, über sie lästert oder insgeheim Rachegefühle oder Groll gegen sie hegt, drückt man seine Wut auf weniger direkte Art aus. Menschen, die ihre Wut auf diese Weise verarbeiten, bezeichnet man als „passiv-aggressiv". Oft verhalten sich diese Menschen so, als sei alles in Ordnung. Sie leugnen also, dass sie wütend sind.

Manche Menschen reagieren auch, als seien sie Opfer. Sie fühlen sich hilflos und werden mit der Situation nicht fertig. Diese „Opfer" bemitleiden sich oft selbst und konzentrieren sich nur auf die negativen Aspekte eines Vorfalls.

Lernziele

- Beschreiben, was man unter passiver Aggressivität versteht.
- Typische Beispiele passiv-aggressiven Verhaltens nennen.
- Lernen, auf passiv-aggressives Verhalten angemessen zu reagieren.

Warm-up

Stellen Sie den Jugendlichen folgende Fragen:
- War schon einmal jemand wütend auf euch, ohne es euch zu sagen oder zu zeigen?
- Warum war es für euch schwierig, mit der betreffenden Person darüber zu sprechen?
- Wie denkt ein passiv-aggressiver Mensch über seine Wut?
- Wie ist der Umgang mit einer Person, die sich passiv-aggressiv verhält?

Workout

- Die Jugendlichen überlegen sich gemeinsam eine Definition für passiv-aggressives Verhalten.
- Verdeutlichen Sie ihnen, dass es beim Umgang mit passiv-aggressiven Menschen wichtig ist, sich zu behaupten und zu verhindern, dass man verletzt oder unfair behandelt wird. Eine hierfür sehr gut geeignete Strategie sind **„Ich-Botschaften"**, d.h. man macht deutlich, was man fühlt und man selbst möchte.
- Erklären Sie, wie **„Ich-Botschaften"** aufgebaut sind, und geben Sie Beispiele:
  „Wenn du ...."
  „Ich fühle mich ..."
  „Ich möchte ..."
- Die Jugendlichen bearbeiten einzeln die Aufgaben auf dem Arbeitsblatt.

Cool-down

- Fordern Sie Freiwillige auf, ihre Antworten vorzulesen. Diskutieren Sie dann mit der ganzen Gruppe über die unterschiedlichen Antworten.
- Sprechen Sie mit den Jugendlichen über die positive Wirkung von „Ich-Botschaften".
- Diskutieren Sie mit den Jugendlichen, ob und warum man auf sein Gefühl hören sollte.

Zusatztraining

- Die Jugendlichen schreiben einen Text in ihr Tagebuch, in dem sie beschreiben, wie sie sich einmal mit einer passiv-aggressiven Person auseinandersetzen mussten.

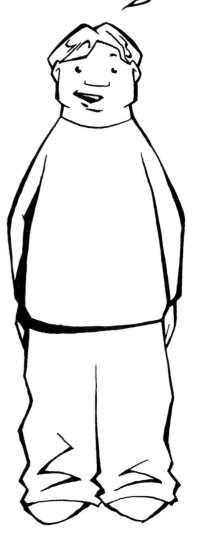

Arbeitsblatt   Workout 14

Passiv-aggressive Wut.

Auf diesem Arbeitsblatt findest du eine Liste typisch passiv-aggressiver Verhaltensweisen. Manche Menschen verhalten sich so, ohne dass ihnen bewusst ist, dass sie anderen damit weh tun. Wenn du einmal genau über dein eigenes Verhalten nachdenkst, wirst du vielleicht merken, dass auch einige deiner eigenen Verhaltensweisen passiv-aggressiv sind. Aber wenn du dir diese Verhaltensweisen bewusst machst, kannst du sie besser kontrollieren und sie vielleicht schon bei der nächsten Wut-Situation unterdrücken.

 Kreuze die Verhaltensweisen an, die du von dir selbst kennst. Wenn etwas fehlt, kannst du es noch hinzufügen.

- ☐ Ich mache jemandem ein schlechtes Gewissen.
- ☐ Ich gehe nicht zu einer Verabredung und versetze damit einen Freund.
- ☐ Ich erzähle einen Witz und verletze damit jemanden.
- ☐ Ich komme zu spät zu einer Verabredung und lasse mir anmerken, dass ich eigentlich auch gar keine Lust hatte, überhaupt hinzugehen.
- ☐ Ich sage etwas Gemeines zu jemandem und erkläre dann, dass es nur ein Scherz war.
- ☐ Ich mache etwas kaputt oder verbummle etwas, dass nicht mir gehört.
- ☐ Ich spreche hinter dem Rücken einer bestimmten Person über sie.
- ☐ Ich schiebe etwas vor mir her.
- ☐ Ich mache ironische Bemerkungen über jemanden.

Produktiver Umgang mit Wut

Workout 14 — Arbeitsblatt

Passiv-aggressive Wut

 Überlege dir, wie man in den folgenden Situationen reagieren könnte. Verwende hierfür „Ich-Botschaften".

1. Du überredest deine beste Freundin, mit dir ins Kino zu gehen. Du wartest eine halbe Stunde auf sie, aber sie kommt einfach nicht. Du rufst bei ihr an, aber sie ist nicht zu Hause. Du findest heraus, dass sie mit einem anderen Freund ausgegangen ist. Als du sie am nächsten Tag darauf ansprichst, sagt sie, sie hätte es einfach vergessen und du solltest dich nicht darüber aufregen.

Deine Reaktion: _____

2. Du kaufst dir ein paar supermoderne Jeans und ziehst sie zur Schule an. Einer deiner Freunde macht eine fiese Bemerkung: „Du meine Güte, auf welchem Planeten kaufst du denn ein?" Als er sieht, dass er dich gekränkt hat, stößt er dich mit dem Ellenbogen an und sagt: „Ich mach doch nur Spaß, nimm das doch nicht so ernst!"

Deine Reaktion: _____

Infos für Trainer — Workout 15

Konsequenzen von Wut

Vorbereitung

Wenn wir uns nicht mit unseren Wutgefühlen auseinandersetzen, kann das sehr negative Folgen für unser Leben haben. Schwer zu lösende Probleme tauchen auf, Situationen werden komplizierter und die Wut nimmt immer mehr zu. Wie bei anderen Problemen gilt auch bei Wutgefühlen: Wenn man nichts gegen sie unternimmt, wird es noch schlimmer. Viele Bereiche unseres Lebens können von den Folgen betroffen sein: das Zuhause, die Schule, die Arbeit, die Gesundheit sowie unsere Ziele und Pläne für die Zukunft.

Lernziele

- Erkennen, welche negativen Folgen nicht verarbeitete Wut haben kann.

Warm-up

Stellen Sie den Jugendlichen folgende Fragen:
- Wer von euch ist schon einmal richtig ausgerastet, weil er sich nicht mit seiner Wut auseinandergesetzt hat? Habt ihr schon einmal erlebt, dass dies anderen passiert ist?
- Was für Folgen hat es, wenn man häufig die Beherrschung verliert?
- Wie sieht das Leben von jemandem vermutlich aus, für den Wut zu einem ernsthaften Problem geworden ist?

Workout

- Fordern Sie die Jugendlichen auf, das Arbeitsblatt, jeder für sich, zu bearbeiten. Danach sollen sie in kleinen Gruppen über ihre Ergebnisse diskutieren.

Cool-down

- Erklären Sie, wie wichtig es ist, keine Brücken „hinter sich abzureißen". Man kann nie wissen, ob das, was man tut, einem irgendwann selbst schadet.

Zusatztraining

- Die Jugendlichen stellen anhand eines Beispiels (vielleicht aus eigener Erfahrung) dar, welche Folgen Wut haben kann, wenn man sich nicht mit ihr auseinandersetzt.
- Dann beschreiben sie schriftlich, wie sie einmal drauf und dran waren, einem anderen Menschen gegenüber die Beherrschung zu verlieren, dann aber beschlossen, positiv zu reagieren und sich nicht zu ärgern.

Produktiver Umgang mit Wut

Workout 15 — Arbeitsblatt

Konsequenzen von Wut

Wenn du dich nicht richtig mit deiner Wut auseinandersetzt, kann das in vielen Bereichen deines Lebens zu negativen Konsequenzen führen. Um diese negativen Folgen zu vermeiden, solltest du die Ursachen deiner Wut finden und versuchen, das Problem zu lösen. Dieses Arbeitsblatt zeigt dir, wohin nicht verarbeitete Wutgefühle führen können.

Liste die Konsequenzen nicht verarbeiteter Wut für jeden Bereich auf. (Wenn der Platz nicht ausreicht, kannst du auf der Rückseite weiterschreiben.)

Schule/Arbeit: _____

Gesundheit: _____

Freundschaften: _____

Familie: _____

Freizeit: _____

Zukunftspläne: _____

Fallen dir noch andere Bereiche ein? Notiere sie hier.

_____

_____

Tauscht euch nun in Gruppen untereinander aus.

Infos für Trainer   Workout 16

Live-Reportage

 Vorbereitung

Viele Menschen werden mit gewalttätigem oder aggressivem Verhalten konfrontiert, entweder indirekt (wenn sie z.B. in der Zeitung darüber lesen) oder direkt (wenn sie von einer anderen Person bedroht, beleidigt oder verletzt werden). Im Laufe unseres Lebens werden wir alle auf irgendeine Art mit gewalttätigem oder aggressivem Verhalten konfrontiert.

 Lernziele

- Kurze Interviews zum Thema *„Wurden Sie schon einmal selbst mit gewalttätigem oder aggressivem Verhalten konfrontiert?"*

 Warm-up

Diskutieren Sie mit den Jugendlichen folgende Fragen:
- Wie sah unsere Gesellschaft vor 20 Jahren aus? Was hat sich in den letzten 20 Jahren in Bezug auf Gewalt und Aggressivität verändert? Waren die Menschen damals aggressiver oder weniger aggressiv als heute?
- Wie beurteilen ältere Menschen den Grad der Gewalt in der heutigen Gesellschaft?

 Workout

- Die Jugendlichen erarbeiten für ihre Interviews eine Vorlage mit Fragen und schreiben diese in ihre Hefte. Dann interviewen sie zehn Personen und halten deren Antworten schriftlich fest.
- Die Jugendlichen beantworten nach den Interviews schriftlich die folgenden Fragen:
  1. Welche Antwort hast du am häufigsten bekommen?
  2. Welche Antwort hat dich am meisten überrascht?
  3. Wie könnte man die Ergebnisse der Interviews in einer kurzen Aussage zusammenfassen?

 Cool-down

- Die Jugendlichen schreiben einen kurzen Text darüber, warum Gewalt und Aggressivität ihrer Meinung nach in unserer Gesellschaft so eine große Rolle spielen.

- Jeder soll sich überlegen, was er bereit wäre zu tun, um gegen die Gewalt und Aggressivität in der Gesellschaft vorzugehen. Sie schreiben ihre Antworten auf Karteikarten und stellen sie einander vor.

 Zusatztraining

- Laden Sie jemand ein, der den Jugendlichen über Gewalt und Aggressivität in der Gesellschaft berichten kann und über entsprechendes Fachwissen verfügt (z.B. einen Polizeibeamten oder Sozialarbeiter).
- Die Jugendlichen gestalten das Titelblatt einer Tageszeitung, die in 20 Jahren erscheinen könnte. Darin bringen sie zum Ausdruck, wie sie sich die Welt in 20 Jahren wünschen (z.B. dass es keine Überfälle mehr gibt, dass Kinder ungefährdet auf der Straße spielen können usw.).

Produktiver Umgang mit Wut

Workout 17 — Infos für Trainer

Medien-Recherche

 Vorbereitung

Wir alle werden täglich von einer Vielzahl von Gewaltdarstellungen überschwemmt. Wir sehen Szenen, in denen Gewalt oder aggressives Verhalten oft verherrlichend dargestellt werden – im Fernsehen und Kino, in Musikvideos, bei Sportereignissen (z.B. Boxen, Wrestling) oder in Computerspielen. Die Ergebnisse zahlreicher Untersuchungen deuten aber darauf hin, dass die Darstellung von Gewalt im Fernsehen aggressives und unsoziales Verhalten fördert.

 Lernziele

- Beobachten, wie oft und in welcher Stärke Gewalt und aggressives Verhalten jeweils in einer Fernsehsendung, einem Kinofilm, einem Musikvideo, einem Computerspiel und einer Sportübertragung auftauchen.
- Benennen, welche Folgen die Gewalt in der jeweiligen Situation hat.
- Die Gewaltszene mit Hilfe einer Skala von 1 bis 10 bewerten.

 Warm-up

Stellen Sie den Jugendlichen folgende Fragen:
- Welche Fernsehsendungen, Filme, Musikvideos, Computerspiele und Sportereignisse sind in eurem Alter besonders beliebt? Sammeln Sie die Antworten an der Tafel.
- Die Jugendlichen schreiben die gesammelten Antworten in ihre Hefte und markieren diejenigen, die sich durch zahlreiche Gewaltszenen auszeichnen, mit einem „G" für „Gewalt". Die anderen werden mit einem „K" für „keine Gewalt" gekennzeichnet.
- Die Jugendlichen sprechen zuerst in Zweiergruppen und dann mit der gesamten Gruppe über ihre Bewertungen.

 Workout

- Alle Jugendlichen bekommen jeweils fünf Kopien des Arbeitsblattes, um die Beobachtungen festzuhalten. Füllen Sie mit ihnen vorher zur Übung und Vorbereitung ein zusätzliches Arbeitsblatt aus. Hierbei bewerten die Jugendlichen eine Fernsehsendung, die sie alle gesehen haben und an die sie sich gut erinnern.
- Die Jugendlichen sollen die Arbeitsblätter innerhalb einer vorher festgelegten Zeitspanne (z.B. einer Woche) ausfüllen. Sprechen Sie anschließend mit ihnen über ihre Ergebnisse.

 Cool-down

- Die Jugendlichen fassen ihre Beobachtungen schriftlich zusammen.
- Sie stellen in Gruppenarbeit Listen von Filmen, Fernsehsendungen, Computerspielen, Sportereignissen und Musikvideos zusammen, in denen keine Gewaltszenen vorkommen.

 Zusatztraining

- Die Jugendlichen erarbeiten in Gruppenarbeit eine Reihe von Vorschlägen, wie man die Darstellung von Gewalt in den Medien begrenzen könnte.
- Teilen Sie die Jugendlichen in zwei Gruppen ein. In einer Diskussion soll nun die eine Gruppe für und die andere gegen die Darstellung von Gewalt in den Medien argumentieren.
- Die Jugendlichen sehen sich Zeichentrickfilme im Fernsehen an und zählen auf, wie oft und in welcher Form sie Gewalt, aggressives Verhalten und Diskriminierung feststellen.
- Zum Schluss erstellen sie eine „Top-10-Hitliste" von Filmen, in denen keine Gewalt dargestellt wird.

Arbeitsblatt **Workout 17**

Medien-Recherche.

Beobachte in der vom Trainer festgelegten Zeitspanne, wie und wie häufig Gewalt in den Medien dargestellt wird. Halte deine Beobachtungen auf diesem Arbeitsblatt fest. (Wenn der Platz nicht ausreicht, kannst du auf der Rückseite weiterschreiben.)

Was hast du untersucht? (Bitte unterstreichen)

Fernsehsendung   Film   Musikvideo   Computerspiel   Sportübertragung

Name: _____   Dauer: _____   Datum: _____

Anzahl der Gewaltszenen (Strichliste)

Gesamt: _____

Skizziere eine der Gewaltszenen.

Beschreibe, was in dieser Szene passiert. _____
_____
_____

Von wem geht die Gewalt aus? _____

— Produktiver Umgang mit Wut —

Workout 17 — Arbeitsblatt

Medien-Recherche ❷

Wer ist das Opfer? _____

Kennen die beiden sich?   Ja ☐   Nein ☐

Falls ja, woher kennen sie sich? _____
_____
_____

Aus welchem Grund ist es zu diesem Vorfall gekommen?
_____
_____
_____

Welche Folgen hatte die Gewalt? _____
_____
_____
_____

Bewerte den Grad der in diesem Medium dargestellten Gewalt mithilfe der folgenden Skala.

| 1 | 2 | 3 | 4 | 5 | 6 | 7 | 8 | 9 | 10 |

in geringem Maße gewalttätig   extrem gewalttätig

Wut Workout

Infos für Trainer   Workout 18

Das Halbzeitspiel

1. Vorbereitung
Machen Sie für alle Kopien der Halbzeitspiel-Bingo-Karte. Ziehen Sie die Liste mit den Fragen auf Folie und legen Sie sie auf den Overheadprojektor. Decken Sie die Antworten ab.

2. Lernziele
- Wiederholung des Lernstoffs von Workout 1–18.

3. Warm-up
- In einem Brainstorming stellen die Jugendlichen zur Wiederholung eine Liste mit Begriffen und Gedanken zusammen, die sie im Rahmen der Wut-Workouts behandelt haben. Notieren Sie die gesammelten Begriffe an der Tafel. Die Jugendlichen können diese beim Bingospielen als Hilfe verwenden. Um das Spiel schwieriger zu gestalten, können Sie die Begriffe vor Spielbeginn wieder wegwischen.

4. Workout
- Das Spiel wird ähnlich gespielt wie Bingo. Statt Bingokarten erhalten alle ein Halbzeitspiel-Arbeitsblatt.
- Zunächst kreisen alle zwei Reihen à 5 Kästchen auf ihren Arbeitsblättern ein. So wird derselbe Effekt erzielt, als wenn alle unterschiedliche Karten hätten.
- Lesen Sie nun die erste Frage vor. Hat einer die passende Antwort auf seinem Arbeitsblatt eingekreist, kreuzt er diese an usw. Wer zuerst seine 10 Kästchen angekreuzt hat, ruft: „Bingo!" Prüfen Sie, ob alles richtig angekreuzt wurde. Spielen Sie weiter, bis es noch mehr Gewinner gibt.

5. Cool-down
- Die Jugendlichen überlegen sich selbst Fragen und Antworten, die in einer der folgenden Stunden zum Spielen verwendet werden.
- Die Gewinner erhalten kleine Preise.

6. Zusatztraining
- Die Jugendlichen denken sich in Gruppenarbeit weitere Spiele aus, mit denen der bisherige Lernstoff wiederholt werden kann. Sie könnten beliebte Quiz-Shows aus dem Fernsehen als Ausgangsbasis verwenden.
- Die Spiele werden in den folgenden Stunden vorgestellt und gespielt.

Produktiver Umgang mit Wut

Workout 18 — Infos für Trainer

Das Halbzeitspiel

Fragen	Antworten
1. Es gibt viele unterschiedliche ★ von Wut.	**Stufen**
2. Wie bezeichnet man eine Person, die anderen gegenüber sehr viel Geduld hat?	**als tolerant**
3. Nenne ein anderes Wort für „die Sichtweise eines anderen Menschen".	**Perspektive**
4. Wie man auf einen Vorfall reagiert, hängt stark davon ab, aus welcher Perspektive man ihn ★.	**betrachtet**
5. Nenne die vier häufigsten Ursachen von Wut.	**Ungerechtigkeit, Frustration, Kränkungen, Verlust von Kontrolle**
6. Wut hängt sehr eng mit anderen ★ zusammen.	**Gefühlen**
7. Wie bezeichnest du etwas, dass du nicht fair findest?	**als ungerecht**
8. Wenn du eine Aufgabe nicht erfüllen kannst, bist du ★.	**frustriert**
9. Wenn du mit einer Situation nicht umgehen kannst, hast du das Gefühl, keine ★ mehr darüber zu haben.	**Kontrolle**
10. Wenn du herabgesetzt wirst, fühlst du dich ★.	**gekränkt**
11. Oft entspricht das, was wir innerlich empfinden, nicht dem, was wir anderen Menschen ★ zeigen.	**nach außen hin**
12. Wut kann nützen und ★.	**schaden**
13. Nenne ein anderes Wort für vorbeugend.	**präventiv**
14. Wie nennt man kleinere Probleme, die in unserem Leben auftreten können?	**Hindernisse**
15. Wobei kann Wut helfen?	**dabei, ein Problem zu lösen oder etwas zu verändern**

Infos für Trainer   Workout 18

Das Halbzeitspiel

16. Wenn Wut nicht auf angemessene Art und Weise zum Ausdruck gebracht wird, wird sie dir selbst oder anderen ★.	wehtun
17. Je häufiger und je ★ man sich ärgert, desto negativer sind die Folgen.	mehr
18. Meistens ist es sehr ★, sich zu ärgern.	unangenehm
19. Es ist sehr wichtig, zu ★, dass man wütend ist, damit man etwas dagegen unternehmen kann.	erkennen
20. Man muss seine Wut auf angemessene Art ★.	ausdrücken
21. Welche Frau hat sich behauptet, als sie sich weigerte, ihren Sitzplatz frei zu geben?	Rosa Parks
22. Wut dient als ★ dafür, dass etwas nicht in Ordnung ist.	Warnsignal
23. Wer hat den Krebs besiegt und mehrmals nacheinander die Tour de France gewonnen?	Lance Armstrong
24. Schnelleres Atmen und ein schnellerer Puls sind zwei der ★ Folgen von Wut.	kurzfristigen
25. Geschwüre und Herzerkrankungen sind zwei der ★ Folgen von Wut.	langfristigen
26. Wenn du weißt, wie dein Körper reagiert, solltest du auf ihn ★.	hören
27. Was hängt sehr eng mit Wut zusammen?	Stress
28. Wer kann stressbedingte Erkrankungen behandeln?	Ärzte und Physiotherapeuten
29. Jemand, der andere anschreit oder schlägt, kann nicht gut mit seinen Wutgefühlen ★.	umgehen
30. Wenn man lernen will, mit seiner Wut besser umzugehen, muss man ★.	hart daran arbeiten

Produktiver Umgang mit Wut

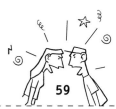

Workout 18 — Infos für Trainer

Das Halbzeitspiel

31. Wodurch wird deine Wut sehr stark beeinflusst?	**durch deine Gedanken**
32. Man kann auf ein bestimmtes Ereignis ★ oder ★ reagieren.	**vorbeugend oder provozierend**
33. Du kannst selbst ★, wie du reagierst, wenn du dich ärgerst.	**entscheiden**
34. Menschen, die sich behaupten, ohne sich Gedanken über die Rechte anderer zu machen, bezeichnet man als ★.	**aggressiv**
35. Die beiden anderen Möglichkeiten, wie man Wut zum Ausdruck bringen kann, sind ★ und ★.	**selbstbewusst und passiv-aggressiv**
36. Ein selbstbewusster Mensch nimmt auch Rücksicht auf die ★ anderer.	**Rechte und Bedürfnisse**
37. Was machen passive Menschen mit ihrer Wut?	**sie in sich hineinfressen**
38. Selbstbewusste Menschen bringen ihre Wut zum Ausdruck, ohne ★.	**andere zu bedrohen**
39. Selbstbewusste Menschen verwenden ★ Methoden, um ihre Wut auszudrücken.	**viele verschiedene**
40. Der selbstbewusste Umgang mit Wut führt zu den besten ★.	**Ergebnissen**
41. Wut selbstbewusst ausdrücken, flüchten und ★ sind drei verschiedene Arten, auf Wut zu reagieren.	**explodieren**
42. Wenn du deine Gefühle, Gedanken und Erlebnisse in einem ★ festhältst, kannst du viel über die Ursachen deiner Wut lernen.	**Tagebuch**
43. Wenn man seine Wut beobachtet, lässt sich feststellen, welche ★ häufig auftreten.	**Probleme**
44. Wenn du herausfinden möchtest, warum du dich ärgerst, suchst du nach der ★.	**Ursache**

Infos für Trainer — Workout 18

Das Halbzeitspiel

45. Um ein Problem zu lösen, muss man ★.	**handeln**
46. Es ist wichtig, aus seinen Fehlern zu ★.	**lernen**
47. Mit welchen Begriffen kann man die drei Wut-Stufen beschreiben?	**leicht genervt, verärgert, wütend**
48. Mit welchem anderen Ausdruck bezeichnet man körperliche Anzeichen (für Stress, Wut usw.)?	**physiologisch**
49. Wie bezeichnet man es, wenn man in Gedanken mit sich selbst spricht?	**innere Monologe**
50. Was sollte immer zwischen „Empfinden" und „Handeln" stehen?	**überlegen**
51. Wie bezeichnet man es, wenn man andere aufmuntert, unterstützt oder ihnen hilft?	**aufbauen**
52. Welche Fähigkeit muss man haben, um mit anderen zusammenarbeiten zu können?	**Teamfähigkeit**
53. Wie bezeichnet man jemanden, der sich seine Wut nicht anmerken lässt und dann gemeine Dinge hinter dem Rücken desjenigen tut, auf den er wütend ist?	**als passiv-aggressiv**
54. Wie nennt man es, wenn Körperkraft dafür eingesetzt wird, anderen wehzutun?	**Gewalttätigkeit**
55. Wut und Gewalt können negative ★ haben.	**Konsequenzen**
56. Man sollte keine Brücken hinter sich ★, weil man nicht weiß, was für Folgen das in der Zukunft haben kann.	**abreißen**
57. Jemanden, der eine Situation unvoreingenommen betrachten kann, bezeichnet man als ★.	**objektiv**
58. Auch bei Wut ist es sehr wichtig, aus seinen Fehlern zu ★.	**lernen**
59. Wer nicht nachdenkt, bevor er etwas tut, handelt ★.	**impulsiv**
60. Mit Hilfe von ★ kannst du dich selbst besser einschätzen.	**Fragebögen**

Produktiver Umgang mit Wut

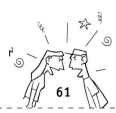

Workout 18   Arbeitsblatt

Das Halbzeitspiel.

Achtung: Die Verben können in den Antworten auch in konjugierter Form vorkommen!

Fragebögen	vorbeugend oder provozierend	selbstbewusst und passiv-aggressiv	dabei, ein Problem zu lösen oder etwas zu verändern	durch deine Gedanken
langfristig	gekränkt	ausdrücken	Stufen	Probleme
Lance Armstrong	impulsiv	präventiv	hören	nach außen hin
Rosa Parks	Ursache	tolerant	explodieren	mehr
Hindernisse	hart daran arbeiten	schaden	lernen	innere Monologe
Warnsignal	Perspektive	aggressiv	wehtun	entscheiden

Wut-Workout

Arbeitsblatt — Workout 18

Das Halbzeitspiel ❷

physiologisch	kurzfristigen	in sich hineinfressen	Konsequenzen	frustiert
Gefühlen	handeln	erkennen	Gewalttätigkeit	Rechte und Bedürfnisse
Ärzte und Physiotherapeuten	abreißen	ungerecht	passiv-aggressiv	lernen
objektiv	viele verschiedene	Ungerechtigkeit, Frust, Kränkung, Kontrollverlust	andere zu bedrohen	leicht genervt, verärgert, wütend
Teamfähigkeit	aufbauen	Stress	Tagebuch	Ergebnissen
umgehen	Kontrolle	überlegen	betrachten	unangenehm

Produktiver Umgang mit Wut

Workout 19 — **Infos für Trainer**

Der Wut-Tunnel

1. Vorbereitung

Ihr wisst jetzt bereits, dass Wut in vielen verschiedenen Formen auftreten und unterschiedlich stark sein kann. Ihr habt eure eigene Wut und Aggressivität sowie Beispiele von aggressivem Verhalten betrachtet, so wie sie uns in unserem Alltag begegnen. Und weil ihr jetzt einiges über Aggressivität gelernt habt und in der Lage seid, sie zu erkennen, solltet ihr euch nun damit beschäftigen, was man gegen sie tun kann. Um wirklich etwas in seinem Leben zu verändern, braucht man Willenskraft und Durchhaltevermögen. Denkt immer daran, dass es möglich ist, auf Wut zu reagieren, ohne aggressiv zu werden.

2. Lernziele

- Erkennen, wodurch man leicht wütend oder aggressiv wird.
- Faktoren benennen, die die Wut beeinflussen.
- Warnsignale benennen, die darauf hinweisen, dass Wut außer Kontrolle gerät.

3. Warm-up

Stellen Sie den Jugendlichen folgende Fragen:
- Von welchen Faktoren hängt es ab, wie schnell sich jemand ärgert?
- Habt ihr schon einmal erlebt, wie jemand aus einem scheinbar nichtigen Grund die Beherrschung verloren hat?
- Habt ihr schon einmal erlebt, wie jemand in einer sehr ärgerlichen und angespannten Situation viel Geduld und Verständnis bewiesen hat?
- Warum reagieren Menschen so unterschiedlich?
- Welche Warnsignale gibt es dafür, dass jemand aus Wut die Beherrschung verliert?

4. Workout

- Die Jugendlichen lesen den ersten Text auf dem Arbeitsblatt und sprechen darüber.
- Sie bearbeiten die Aufgaben und diskutieren in kleinen Gruppen über ihre Antworten.
- Dann erstellen sie zwei Listen mit Faktoren, die dazu führen können, dass jemand beim Umgang mit Wutgefühlen geduldig bzw. ungeduldig ist.
- Zum Schluss stellen die Jugendlichen eine Liste mit Warnsignalen zusammen, die darauf hindeuten, dass jemand (sie selbst oder eine andere Person) die Beherrschung verliert.

5. Cool-down

- Die Jugendlichen sprechen darüber, wie sie jemanden zurückhalten können, der sich in einem Wut-Tunnel befindet. Was kann man tun, ohne sich selbst zu gefährden?
- Was kann man tun, wenn man Warnsignale an sich selbst bemerkt? Wie kann man verhindern, in einen Wut-Tunnel zu geraten?

6. Zusatztraining

- Die Jugendlichen malen Bilder, auf denen sie darstellen, was für ein Gefühl es ist, in einem Wut-Tunnel zu stecken.
- Sie beschreiben in ihrem Tagebuch, wie sie selbst einmal das Gefühl hatten, in einem Wut-Tunnel zu stecken.

Arbeitsblatt Workout 19

Der Wut-Tunnel

Warst du schon einmal so wütend, dass du das Gefühl hattest, dich in einem dunklen Tunnel zu befinden? Einem Tunnel, in dem du nicht mehr gehört hast, was um dich herum passiert, und in dem du nichts mehr sehen konntest? Wenn du an einem Punkt angelangt bist, an dem du nicht mehr klar denken kannst, dann hast du die Kontrolle über dich selbst verloren. Viele Menschen, die sich mit anderen prügeln, sagen später, sie hätten gar nicht gewusst, was um sie herum passierte. Manche erinnern sich sogar gar nicht mehr daran, sich geprügelt zu haben. Es ist leider nicht einfach, jemanden aufzuhalten, der die Beherrschung verloren hat.

Schreibe hier auf, wie du selbst einmal die Beherrschung verloren hast. Was ist da passiert? Wie hast du dich davor, währenddessen und danach gefühlt? Womit würdest du deine Empfindungen vergleichen? Wenn der Platz nicht reicht, kannst du auf der Rückseite des Blattes weiterschreiben.

Warnsignale

Bei jedem Menschen gibt es Warnsignale, die darauf hindeuten, dass er wütend wird. Welche Warnsignale sind es bei dir?

_____

_____

_____

Warnsignale, die darauf hindeuten, dass du gleich die Beherrschung verlierst:

_____

_____

_____

Faktoren, die dazu beitragen, dass jemand ungeduldig wird oder seine Wut schlecht unter Kontrolle halten kann:

_____

_____

_____

Wenn du eines oder mehrere dieser Signale an dir bemerkst, sollten bei dir sämtliche Alarmglocken schrillen. Egal, was du tust: Halte inne und beobachte ganz genau, wie du dich fühlst. Werde dir deiner Wut bewusst.

 Erste Hilfe bei Wut: **1. Schritt: STOPP!**

Produktiver Umgang mit Wut

Workout 20 — Infos für Trainer

Die Mr.-Kessel-Strategien

 Vorbereitung

Der zweite Schritt der „ersten Hilfe bei Wut" besteht darin, aus dem Wut-Kreislauf „auszubrechen". Das kann man auf verschiedene Weise tun. Ihr könnt euch einfach *körperlich* aus einer Situation zurückziehen – eine Minute, eine Stunde oder noch länger. Ihr könnt z.B. spazieren gehen, Sport treiben oder irgendetwas anderes tun, das euch beruhigt. Ihr könnt euch aber auch *geistig* zurückziehen, indem ihr euch in Gedanken mit etwas anderem beschäftigt (z.B.: in Gedanken rückwärts zählen, konzentriert tief ein- und ausatmen, an einen ruhigen Ort denken, ein Gedicht oder ein Lied im Kopf „abspielen" oder euch auf einen Gegenstand oder ein Bild konzentrieren). Sucht euch einfach die Methode aus, die euch am besten gefällt. Das Entscheidende ist, dass euer destruktives Verhalten durchbrochen wird.

 Lernziele

- Die Mr.-Kessel-Strategien lernen und anwenden, um Wutgefühle besser kontrollieren zu können.

 Warm-up

Stellen Sie den Jugendlichen folgende Fragen:
- Was hilft euch, besser mit eurer Wut umzugehen?
- Welche Methoden oder Strategien funktionieren beim Abbau von Wutgefühlen, welche nicht?

 Workout

- Erklären Sie die einzelnen Mr.-Kessel-Strategien. Verteilen Sie danach die Arbeitsblätter, sodass die Jugendlichen sie während des Workouts zu Hilfe nehmen können.
- In den kommenden Monaten üben die Jugendlichen die einzelnen Schritte. Sie übertragen das vorgedruckte Formular in ihre Hefte, um damit ihre Ergebnisse festzuhalten.
- Die Jugendlichen fügen den „Mr. Kessel"-Strategien weitere Methoden hinzu, die sie ausprobiert haben.

 Cool-down

- Die Jugendlichen halten die Antworten zu den folgenden Fragen in ihren Tagebüchern fest:
- Welche der Strategien funktionieren bei dir wohl am besten und warum?
- Welche würden bei dir nicht funktionieren? Warum?
- Die Jugendlichen überlegen sich, wofür man die „Mr. Kessel"-Strategien noch benutzen könnte. Schreiben Sie ihre Antworten an die Tafel.

 Zusatztraining

- Spielen Sie verschiedene Musikstücke vor.
  Die Jugendlichen halten ihre unterschiedlichen Gefühle und Stimmungen beim Zuhören stichwortartig fest. Dann sprechen sie mit anderen darüber. Machen Sie deutlich, dass Musik etwas Persönliches ist und jeder anders darauf reagiert.
- Die Jugendlichen stellen schauspielerisch dar, wie man mit einer Ich-Botschaft selbstbewusst ein Anliegen vorbringen kann.
- Jedes Mal, wenn sie eine „Mr. Kessel"-Strategie anwenden, bewerten die Jugendlichen, wie gut diese bei ihnen funktioniert. Sie verwenden hierfür eine Skala von 1 bis 5 (1 = sehr gut, 5 = schlecht) und stellen die Ergebnisse grafisch dar.

Arbeitsblatt — Workout 20

Die Mr.-Kessel-Strategien.

Auf diesem Arbeitsblatt findest du einige Strategien, die du benutzen kannst, wenn du wütend bist. Mit ihrer Hilfe wirst du mit einer Wut-Situation besser zurechtkommen. Du kannst den Namen „Mr. Kessel" als Eselsbrücke benutzen, um dir die unterschiedlichen Möglichkeiten in Erinnerung zu rufen. Jeder Buchstabe dieses Begriffs steht für eine Möglichkeit, wie sich der Wut-Kreislauf durchbrechen lässt.

MUSIK
Mit Musik kann man seine Stimmung beeinflussen. Fröhliche Musik gibt dir Energie, während ruhigere Musik zu deiner Entspannung beiträgt. Außerdem kann Musik dich von negativen Gefühlen ablenken.

RÜCKWÄRTS ZÄHLEN
Leise von 20 bis 0 rückwärts zu zählen, kann dir helfen, dich zu beherrschen und wieder ruhiger zu werden. So hast du Gelegenheit, Folgendes zu tun:
STOPP sagen ... **AUSBRECHEN** ... **NACHDENKEN** ... und dann **HANDELN**.

KONSEQUENZEN AKZEPTIEREN
Wir alle machen dann und wann Fehler, und es kommt vor, dass sie Konsequenzen haben. Manchmal ist es das Beste, die Konsequenzen einfach zu akzeptieren und sich nicht entmutigen zu lassen.

EIN FRIEDLICHER ORT
Es kann sehr beruhigend sein, sich einen schönen, ruhigen Ort vorzustellen. Deiner Fantasie sind hierbei keine Grenzen gesetzt.

SPORT TREIBEN
Beim Sport kannst du deine Wut abreagieren und du wirst ruhiger. Außerdem trägt er auch dazu bei, dass du dich nicht mehr so leicht ärgerst. Wenn der Körper gesund ist, fühlt man sich insgesamt wohler.

SELBSTBEWUSST AUFTRETEN
Es gibt verschiedene Möglichkeiten, selbstbewusst ein Anliegen vorzubringen. Eine davon sind die so genannten Ich-Botschaften:
Wenn du _____,
fühle ich mich _____.
Ich möchte _____.

Produktiver Umgang mit Wut

Workout 20   **Arbeitsblatt**

Die Mr.-Kessel-Strategien ❷

ENTSPANNUNGSTECHNIKEN
Jeder sollte wissen, wie er sich entspannen kann. Möglichkeiten gibt es viele: langsames, tiefes Ein- und Ausatmen, An- und Entspannen des ganzen Körpers oder Visualisierung. Bei der Visualisierung stellt man sich z.B. eine entspannende Situation oder einen Ruhe einflößenden Ort vor. Viele Sportler wenden diese Strategien an, um sich vor einem Wettkampf zu entspannen und zu konzentrieren.

LÖSEN ODER LASSEN
Manchmal ist es das Beste, sich erst einmal von dem Ort eines Problems zu entfernen, wenn man das Problem nicht sofort lösen kann. Hin und wieder kann man ein Problem allein lösen, manchmal sollte man dies besser gemeinsam mit jemand anderem tun.

Erste Hilfe bei Wut: **2. Schritt: AUSBRECHEN!**

 Übertrage dieses Formular sechsmal in dein Heft.

Diese Technik habe ich angewandt: _____ Datum: _____

Wie gut hat sie funktioniert? Verwende für die Bewertung eine Skala von 1 bis 5

(1 = sehr gut, 5 = schlecht): _____

Was ist daraufhin passiert? _____

Infos für Trainer Workout 21

Die richtige Reaktion

 Vorbereitung

Der dritte Schritt der „Ersten Hilfe bei Wut" lautet NACHDENKEN. Dieser Schritt ist nicht einfach. Ihr müsst euch ganz und gar darauf konzentrieren, eure Gedanken zu kontrollieren. Nur so könnt ihr in Ruhe darüber nachdenken, wie ihr am besten reagieren solltet.

Beim dritten Schritt geht ihr in Gedanken verschiedene mögliche Reaktionen (und deren Konsequenzen) durch und überlegt euch, ob diese der Situation nützen oder schaden würden.

 Lernziele

- Verschiedene mögliche Reaktionen auf eine Wut-Situation benennen und bestimmen, ob diese helfen oder schaden.
- Den Unterschied zwischen gerechtfertigter und ungerechtfertigter Wut verstehen.

 Warm-up

Stellen Sie den Jugendlichen folgende Fragen:
- Was ist der Unterschied zwischen einer positiven Reaktion auf Wut und einer, die einer Wut-Situation schaden würde?
- Nennt Beispiele für Situationen, in denen es gerechtfertigt bzw. ungerechtfertigt ist, sich aufzuregen und zu ärgern.

 Workout

- Die Jugendlichen beschreiben schriftlich jeweils eine positive Reaktion auf die unten beschriebenen Situationen und eine, die schaden würde:
  1. Du findest heraus, dass ein guter Freund über dich gelästert hat.
  2. Dein Fahrrad wird geklaut.
  3. Du verhaust eine wichtige Klassenarbeit.
  4. Dein Füller läuft aus und versaut dein T-Shirt.
- Die Jugendlichen füllen das Arbeitsblatt aus.

 Cool-down

- Die Jugendlichen sprechen mit einem Partner über die Antworten, die sie auf dem Arbeitsblatt gegeben haben. Gemeinsam überprüfen sie, ob die Antwort wirklich zur Kategorie passt.
- Die Jugendlichen beschreiben in ihrem Tagebuch, wie sie einmal in einer Wut-Situation positiv reagiert haben.

 Zusatztraining

- Teilen Sie die Jugendlichen in zwei Teams ein. Jeder beschreibt jetzt auf einem Zettel eine Wut-Situation. Sammeln Sie alle Zettel in einem Hut oder einer Schachtel. Jeweils ein Mitglied einer Mannschaft zieht nun einen Zettel. Innerhalb von zehn Sekunden müssen die Mitglieder des anderen Teams sich überlegen, wie man in der beschriebenen Situation reagieren könnte. Ist die Reaktion für die Wut-Situation konstruktiv, erhält das Team zehn Punkte, schadet sie, gibt es null Punkte.
- Notieren Sie gleichzeitig alle Situationsbeschreibungen auf einer Overhead-Folie oder schreiben Sie sie an die Tafel. Die Jugendlichen schreiben nun zu jeder Situation eine positive Aussage auf, mit der sie sich selbst Mut machen und die eine konstruktive Reaktion darstellt.

Produktiver Umgang mit Wut

Workout 21   Arbeitsblatt

Die richtige Reaktion

Manchmal ist es gerechtfertigt, dass man wütend ist, manchmal nicht. In bestimmten Situationen ist Wut eine ganz natürliche, normale Reaktion. Zum Beispiel, wenn man angelogen, betrogen oder unfair behandelt wird. Aber auch, wenn du dich aus gutem Grund ärgerst, solltest du angemessen reagieren. Wut an sich ist nichts Falsches, aber manchmal führt sie dazu, dass man etwas Falsches tut. Wenn deine Wut gerechtfertigt ist, solltest du sie so ausdrücken, dass du niemandem damit schadest. Wenn du jemand anderen schlägst, beschimpfst oder anschreist, wirst du letzten Endes nur dir selbst schaden.

Überlege dir drei Beispiele für gerechtfertigte und drei Beispiele für ungerechtfertigte Wut. Versuche auch, zu jedem Beispiel jeweils eine positive und eine negative Reaktion zu finden.

Gerechtfertigte Wut	Positive Reaktion	Negative Reaktion

Ungerechtfertigte Wut	Positive Reaktion	Negative Reaktion

Erste Hilfe bei Wut: **3. Schritt: NACHDENKEN!**

Infos für Trainer — Workout 22

Das Geduld-Prinzip

Vorbereitung

Der vierte und letzte Schritt der „Ersten Hilfe bei Wut" lautet BESONNEN REAGIEREN. Wichtig ist, dass ihr besonnen reagiert. Das bedeutet, dass ihr nicht die Beherrschung verliert und in Ruhe nachdenkt. Wer impulsiv reagiert, macht sich keine Gedanken darüber, was für Folgen sein Handeln haben könnte. Wer besonnen reagiert, hat sich selbst unter Kontrolle und versucht, das Problem, so gut es geht, zu lösen. Um das zu tun, braucht man Geduld.

Natürlich könnt ihr nicht bestimmen, wie eine Konfliktsituation ausgehen wird. Aber ihr könnt euch bemühen, den Ausgang mit einer konstruktiven Reaktion zu beeinflussen.

Lernziele

- Lernen, selbstbewusst auf Wut zu reagieren.
- Den Unterschied zwischen einer impulsiven und einer überlegten Reaktion verstehen.
- Lernen, mit Hilfe des Geduld-Prinzips selbstbewusst und positiv auf Wut zu reagieren.

Warm-up

Stellen Sie den Schülern folgende Fragen:
- Was ist der Unterschied zwischen einer impulsiven und einer besonnenen Reaktion?
- Was kann passieren, wenn man zu impulsiv auf Wut reagiert?
- Wie reagiert man selbstbewusst auf Wut? Wie sieht eine selbstbewusste Person (Körpersprache) aus und wie verhält sie sich?
- Wie kann man auf Wut reagieren, ohne jemandem wehzutun?

Workout

- Ein Freiwilliger demonstriert, wie eine Person aussieht, die selbstbewusst auf Wut reagiert. Die anderen machen Vorschläge, wie man die Darstellung noch überzeugender machen kann.
- Die Jugendlichen zeichnen eine Person, die selbstbewusst auf Wut reagiert, und beschriften die einzelnen Körperhaltungen (z.B.: Schultern gerade, Kopf nicht hängen lassen, Augenkontakt halten).
- Erläutern Sie das Geduld-Prinzip. Zeigen Sie den Jugendlichen 30 Sekunden lang eine Folie zu dem Geduld-Prinzip und seinen einzelnen Elementen. Die Jugendlichen sollen nun die Elemente aus dem Gedächtnis aufschreiben.

Cool-down

- Die Jugendlichen schreiben einen kurzen Text darüber in ihr Tagebuch, ob sie selbst eher impulsiv oder überlegt reagieren.
- Danach schreiben sie einen Text über das Verhalten einer selbstbewussten Person aus ihrem Bekanntenkreis.

Zusatztraining

- Die Jugendlichen spielen in Gruppen je zwei kurze Szenen zum Thema *„selbstbewusstes Auftreten"* vor: 1. wie man sich verhalten sollte, 2. wie man sich nicht verhalten sollte. Die anderen sollen herausfinden, welche Verhaltensweisen richtig und welche falsch sind.
- Zum Schluss suchen sich die Jugendlichen eine der auf dem Arbeitsblatt beschriebenen Situationen aus und stellen schauspielerisch dar, wie man mit Hilfe des Geduld-Prinzips selbstbewusst mit der Situation umgehen könnte.

Produktiver Umgang mit Wut

Workout 22 Arbeitsblatt

Das Geduld-Prinzip

Um mit deinen Wutgefühlen positiv und selbstbewusst umgehen zu können, solltest du lernen, wie man geduldig und konstruktiv reagiert. Wer mit sich selbst und mit anderen Geduld hat, kann viel effektiver kommunizieren. Präge dir die folgenden praktischen Tipps des Geduld-Prinzips ein. Die Tipps sollen dir dabei helfen, selbstbewusst aufzutreten und deinen Standpunkt angemessen zum Ausdruck zu bringen.

- Suche dir einen geeigneten Zeitpunkt und einen geeigneten Ort aus, um mit der Person zu sprechen, die ebenfalls von deinem Problem betroffen ist.

- Benutze keine verallgemeinernden Ausdrücke wie „nie" oder „immer". (Du solltest z.B. nicht sagen: *„Du unterbrichst mich immer!"*)

- Sprich immer nur über ein Thema auf einmal.

- Benutze Ich-Botschaften, z.B.: *„Ich fühle mich gekränkt, weil du vergessen hast, mich anzurufen."*

- Übertreibe und kritisiere nicht.

- Kränke oder beleidige die andere Person nicht.

- Mache deutlich, was du ausdrücken willst, und zeige, wie du die andere Person verstehst.

- Denke auch über Standpunkte und Meinungen nach, die andere Personen zu diesem Thema haben könnten.

Immer, wenn du das Gefühl hast, die Geduld mit jemandem zu verlieren, solltest du dir eine **Auszeit** nehmen und erst später mit der betreffenden Person darüber sprechen. Manchmal ist es besser, wenn man wartet, bis man selbst oder der andere sich beruhigt hat.
Erst dann ist man auch in der Lage, ein Problem zu lösen. Das kann eine Stunde, aber auch einen Tag oder sogar noch länger dauern. Aber du wirst dir Respekt verschaffen, wenn du nicht ungeduldig reagierst und deiner Wut nicht impulsiv nachgibst.

Arbeitsblatt — Workout 22

Das Geduld-Prinzip

 Lies dir die folgenden Situationsbeschreibungen durch. Schreibe in dein Heft oder auf die Rückseite des Arbeitsblattes, was du in der jeweiligen Situation tun oder sagen würdest. Wende dabei das Geduld-Prinzip an.

1. Bei einer Party fängt deine Begleitung plötzlich an, deinen besten Freund anzubaggern. Was machst du jetzt? Was sagst du? Was wird später geschehen?

2. Du kommst mit einer neuen Frisur in die Schule. Drei deiner Freunde fangen an, laut über dich zu lachen und machen dich damit vor der ganzen Schule lächerlich. Was tust du? Was sagst du? Und wann sagst du es?

3. Du wartest auf eine Freundin. Sie hat gesagt, es würde nur 5 Minuten dauern. Nun sind es schon 20 Minuten. Was tust du bzw. sagst du?

4. Du erzählst deinem Freund/deiner Freundin gerade, was für einen furchtbaren Tag du gehabt hast. Innerhalb von drei Minuten unterbricht er/sie dich fünfmal. Was sagst du zu ihm/ihr?

 Erste Hilfe bei Wut: **4. Schritt: BESONNEN REAGIEREN!**

Produktiver Umgang mit Wut

Workout 23 Infos für Trainer

Erste Hilfe bei Wut

 Vorbereitung

Wer sich seine Gedanken, Gefühle, Ansichten und Verhaltensweisen bewusst macht, kann seine Wut besser kontrollieren. Wie beim Sport ist es auch beim Umgang mit Wut wichtig, über einen längeren Zeitraum hinweg zu trainieren. Es ist immer besser, kleine Fortschritte zu machen, als gar nichts gegen Wut zu unternehmen. Ihr werdet feststellen, dass es sich lohnt, mit euch selbst und mit anderen Menschen Geduld zu haben.

Wenn ihr nicht – so wie ein Sportler – ständig trainiert, werdet ihr den richtigen Umgang mit Wut bald wieder verlernen. Was man nicht anwendet, vergisst man. Deshalb solltet ihr möglichst oft üben, wiederholen und anwenden, was ihr gelernt habt. Das Wichtigste an jedem Trainingsprogramm ist, das Erlernte auch im Alltag anwenden zu können.

 Lernziele
- Die vier Schritte der „Ersten Hilfe bei Wut" wiederholen.
- Sich einen Comic ausdenken, in dem die vier Schritte der „Ersten Hilfe bei Wut" dargestellt werden: Stopp! – ausbrechen – nachdenken – besonnen reagieren.

 Warm-up
- Die Jugendlichen erklären, warum man diese vier Schritte als „Erste Hilfe bei Wut" bezeichnet, und nennen Beispiele für Wut-Situationen, bei denen sie sie anwenden könnten.
- In einem Brainstorming sammeln die Jugendlichen nützliche Tipps für das Schreiben von Comics.

 Workout
- Alle Jugendlichen erhalten 10–15 Klebezettel, mit denen sie einen Comic entwerfen sollen (ein Bild pro Zettel). Sie zeigen in diesem Comic, wie man die „Erste Hilfe bei Wut" benutzt, um zu vermeiden, dass jemand gewalttätig oder aggressiv wird.
- Alle zeigen ihre Entwürfe jeweils drei anderen Menschen (zwei anderen Jugendlichen und einem Erwachsenen). Die endgültige Version des Comics zeichnen sie auf Zeichenpapier.

 Cool-down
- Einige Freiwillige lesen ihren Comic dem Rest der Gruppe vor.
- Sammeln Sie alle Comics in einem Ordner, der allen jederzeit zugänglich ist.
- Die Jugendlichen können eine Ausstellung für Freunde und Familie organisieren, auf der sie ihre Comics zeigen.

 Zusatztraining
- Die Jugendlichen denken sich einen Sketch oder ein Theaterstück für kleine Kinder aus, mit dem ihnen die vier Schritte der „Ersten Hilfe bei Wut" gezeigt und erklärt werden sollen. Einige Freiwillige spielen ihre Comics als Theaterstück vor.
- Die Jugendlichen schreiben einen Rap oder ein anderes Lied, mit dem man die vier Schritte der „Ersten Hilfe bei Wut" lernen kann.

Infos für Trainer — Workout 24

Ein Vertrag mit dir selbst

 Vorbereitung

Ihr habt sehr viel über Wut gelernt. Jetzt ist es an der Zeit, euer Wissen auch anzuwenden. Ihr könnt einen Vertrag mit euch selbst machen oder euch etwas versprechen. Ihr setzt euch Ziele in Bezug auf euer zukünftiges Verhalten. Wendet euer neues Wissen an, um euch zum Positiven zu verändern. Dabei solltet ihr unbedingt ehrlich sein und, falls nötig, die Hilfe von Personen in Anspruch nehmen, denen ihr vertraut. Wenn ihr euch selbst etwas versprecht und euch auch daran haltet, werdet ihr euer Selbstwertgefühl und eure Selbstbeherrschung stärken.

 Lernziele

- Einen Vertrag mit sich selbst abschließen bzw. sich versprechen, sich zum Positiven zu ändern.

 Warm-up

Stellen Sie den Jugendlichen folgende Fragen:
- Was könntet ihr an eurem Verhalten ändern (welche Verhaltensweisen oder Gedanken)?
  Beispiele: anderen mehr Komplimente machen, Kritik annehmen, weniger fluchen, ehrlicher sein.
- Was für Verträge gibt es?
  Beispiele: Kaufvertrag, Arbeits- oder Mietvertrag.
- Was gehört zu einem Vertrag und wodurch zeichnet er sich aus? (Deutliche Ausdrucksweise, ein bestimmter Zweck bzw. bestimmte Beträge werden genannt.)

 Workout

- Die Jugendlichen schließen auf der Grundlage des Arbeitsblattes einen Vertrag mit sich selbst ab. Ziel dieses Vertrags ist, bestimmte Gedankengänge oder Verhaltensweisen abzustellen bzw. zu fördern.

 Cool-down

- Die Jugendlichen überlegen und diskutieren, warum es so wichtig ist, sich selbst Ziele zu setzen.
- Sie nennen Beispiele für Zeitpunkte im Leben, an denen man einen Vertrag mit sich selbst abschließen bzw. sich persönliche Ziele setzen möchte.
- Die Jugendlichen überlegen, wer ihnen dabei helfen könnte, ihr Ziel zu erreichen.
- Fordern Sie die Jugendlichen auf, auch kleine Erfolge mit Belohnungen zu feiern. So etwas motiviert sehr. In einem Brainstorming überlegen sie sich solche Belohnungen.

 Zusatztraining

- Die Jugendlichen zeichnen eine Bildergeschichte, in der sie die einzelnen „Etappen" auf dem Weg zu ihrem persönlichen Ziel darstellen.
- Die Jugendlichen vervollständigen den folgenden Satz: *„Wenn ich meinen Vertrag einhalte, werden sich diese drei Dinge ändern: ..."* Sie schreiben ihn auf eine kleine Karte, die sie immer in ihrem Portmonee haben und ansehen können, wenn sie Motivation brauchen. Auf der Rückseite der Karte notieren sie sich drei Dinge, mit denen sie sich belohnen werden.

— *Produktiver Umgang mit Wut* —

Workout 24 — Arbeitsblatt

Ein Vertrag mit dir selbst

Mit diesem Vertrag verspreche ich mir selbst, mein Verhalten in Bezug auf Wut und Wut-Situationen zum Positiven zu ändern.

Ich, _____ , mache mir selbst
(Vor- und Nachname)

das folgende Versprechen, um meine Wut in Zukunft besser kontrollieren zu können.

Ich verspreche,

_____

_____.

Sollte ich Hilfe benötigen, um das Versprechen zu halten, werde ich …

_____

_____.

Folgende Personen wissen von diesem Vertrag:

_____

_____   _____
(Name des Zeugen)   (Unterschrift des Zeugen)

und

_____   _____
(Name des Zeugen)   (Unterschrift des Zeugen)

_____ , den _____ .
(Ort)   (Tag/Monat/Jahr)

_____   (Stempel)
(Unterschrift)

Infos für Trainer — Workout 25

Hör doch mal zu!

1. Vorbereitung

Richtig zuhören und mit anderen kommunizieren zu können, sind sehr wichtige Fähigkeiten, ohne die sich Menschen oft missverstehen oder etwas falsch interpretieren. Ihr habt euch sicher auch schon einmal auf Grund eines Missverständnisses geärgert. Häufig kann das Problem gelöst werden, wenn man offen miteinander redet. Wenn also jemand verärgert wirkt, solltet ihr ihn nach dem Grund fragen. Vielleicht hat es gar nichts mit euch zu tun, vielleicht gibt es aber auch ein Problem, das sich leicht aus der Welt schaffen lässt. Wutgefühle können schnell größer werden, wenn man nichts gegen sie unternimmt.

2. Lernziele

- Tipps für aktives Zuhören lernen.
- Die Eigenschaften guter und schlechter Zuhörer benennen.
- Demonstrieren, wie man einer Person aufmerksam zuhört.

3. Warm-up

Stellen Sie den Jugendlichen folgende Fragen:
- Woran merkt ihr, dass euch jemand zuhört?
- Habt ihr schon einmal erlebt, dass euch jemand gar nicht zugehört hat, als ihr ihm etwas erzählt habt? Wie hat derjenige sich verhalten? Wie habt ihr euch verhalten? Wie habt ihr euch gefühlt?
- Kennt ihr Personen, die sehr gut zuhören können? Wie verhalten sie sich, wenn ihr ihnen etwas erzählt?

4. Workout

- Bringen Sie eine große Stofftasche mit verschiedenen Gegenständen mit. Teilen Sie die Jugendlichen in zwei Gruppen ein. Jeweils ein Mitglied jeder Gruppe zieht nun einen Gegenstand aus der Tasche, ohne dass die anderen der Gruppe diesen sehen. Er beschreibt den Gegenstand, ohne jedoch zu sagen, wofür dieser verwendet wird. Die anderen malen den Gegenstand nach seiner Beschreibung. Sprechen Sie nach dem Spiel mit den Gruppen darüber, was sie an dieser Übung leicht bzw. schwierig fanden.
- Schreiben Sie die beiden Überschriften *„Gute Zuhörer"* und *„Schlechte Zuhörer"* an die Tafel oder auf ein großes Blatt Papier. In einem Brainstorming sammeln die Jugendlichen Merkmale für beide Eigenschaften.
- Die Jugendlichen überlegen sich in Gruppenarbeit jeweils zwei kurze Sketche, in denen sie darstellen, wie sich ein guter bzw. schlechter Zuhörer verhält. Auf dem Arbeitsblatt halten sie ihre Beobachtungen schriftlich fest.

5. Cool-down

- Die Jugendlichen diskutieren darüber, was das verständliche Sprechen und das aufmerksame Zuhören so schwierig macht.
- Dann überlegen sie, was sie beim Zuhören oder beim Erzählen ablenken könnte.
- Warum können manche Menschen besser zuhören bzw. erzählen als andere?

6. Zusatztraining

- Die Jugendlichen schreiben einen Text über eine Situation, in der jemand nicht gut zugehört bzw. verständlich gesprochen hat und deshalb ein Missverständnis aufgetreten ist.
- Dann notieren sie, woran sie beim Sprechen bzw. Zuhören in Zukunft arbeiten wollen und was sie dadurch verbessern möchten.
- Die Jugendlichen verfassen eine Top-10-Liste der Eigenschaften eines schlechten Zuhörers.

Produktiver Umgang mit Wut

Workout 25   Arbeitsblatt

Hör doch mal zu!

Tipps zum aktiven Zuhören

- **Sich dem Gesprächspartner zuwenden:** Idealerweise solltest du deinem Gesprächspartner gegenübersitzen. Wenn das nicht geht, solltest du dich ihm aber auf jeden Fall zuwenden, sodass ihr euch in die Augen blicken könnt.

- **Offene Körpersprache:** Durch offene Körpersprache zeigst du dem Sprecher dein Interesse. Du solltest z.B. nicht die Arme vor der Brust verschränken. Achte außerdem auf eine aufrechte Körperhaltung.

- **Zum Gegenüber lehnen:** Du kannst dem Sprecher auch Interesse und Aufmerksamkeit zeigen, wenn du dich ihm leicht entgegenlehnst.

- **Nicht unterbrechen:** Wenn du den Sprecher unterbrichst, stoppst du damit seinen Redefluss, und vielleicht vergisst er dann, was er dir erzählen wollte. Warte ab, bis sich eine Pause ergibt oder bis er zu Ende erzählt hat.

- **Blickkontakt halten:** Versuche Blickkontakt mit deinem Gesprächspartner zu halten. Auch dadurch bekundest du deine Aufmerksamkeit und dein Interesse.

- **Antworten:** Wenn du dann antwortest, solltest du dem „Sprecher" deutlich zeigen, ob und wie du das, was er erzählt hat, verstanden hast.

Bilde mit anderen Jugendlichen eine Arbeitsgruppe. Denkt euch zwei kurze Sketche aus und führt diese den anderen Gruppen vor. In dem *einen* Sketch soll ein schlechter und in dem *anderen* ein guter Zuhörer dargestellt werden. Schreibe auf, welche positiven und welche negativen Verhaltensweisen dir bei den Zuhörern in den Sketchen auffallen. Schreibe auch auf, was dir in den Sketchen am Sprecher positiv oder negativ auffällt. (Wenn du mehr Platz benötigst, kannst du auf der Rückseite weiterschreiben.)

Infos für Trainer Workout 26

Das Fairness-Prinzip

1. Vorbereitung

Wie flexibel seid ihr? Würdet ihr euch als umgänglich oder eher als stur bezeichnen? Gebt ihr leicht nach oder wollt ihr euch unbedingt durchsetzen? Seid ihr streitlustig oder versucht ihr um jeden Preis, Ärger aus dem Weg zu gehen? Fällt euch erst lange nach einem Streit ein, was ihr hättet entgegnen können? Jedes Ereignis und auch jedes Problem lässt sich von zwei Seiten betrachten. Wenn man eine Lösung finden möchte, die für beide Seiten annehmbar ist, sollte man die Situation auch aus der Sicht der anderen Person betrachten. Man muss bereit sein, zu verhandeln und einen Kompromiss zu schließen.

2. Lernziele

- Die drei Begriffe *„Verhandeln"*, *„Kompromisse schließen"* und *„Probleme lösen"* definieren und verstehen.
- Die Fairness-Strategie richtig anwenden.

3. Warm-up

Stellen Sie den Jugendlichen folgende Fragen:
- Seid ihr schon einmal in einem Streit „stecken geblieben" und konntet euch nicht mit der anderen Person einigen?
- Seid ihr schon einmal stur geblieben, nur weil ihr nicht nachgeben wolltet?
- Malen Sie drei sich überschneidende Kreise an die Tafel und beschriften Sie diese mit den Überschriften *„Verhandeln"*, *„Kompromisse schließen"* und *„Probleme lösen"*. In einem Brainstorming sammeln die Jugendlichen nun Begriffe, die zu den einzelnen Überschriften passen. Führen Sie bei den Überschneidungen Wörter auf, die zu mehreren Kreisen passen.

4. Workout

- Schreiben Sie die folgenden Wortpaare an die Tafel oder auf einen großen Papierbogen. Die Jugendlichen sollen jeweils einen passenden „Mittelbegriff" finden. Schwarz–weiß, schwer–leicht, weich–rau, stark–schwach, Anfänger–Profi, gefroren–kochend, unten–oben, Freund–Feind, billig–teuer, gebogen–gerade, ausgezeichnet–miserabel.
- Machen Sie deutlich, dass zwei Personen, die sich streiten, oft gegensätzliche Positionen vertreten. Sie diskutieren oft lange, ohne das Problem wirklich zu lösen. Sinn und Zweck des Verhandelns ist es, eine Übereinkunft zu finden, der beide Seiten zustimmen können.
- Verteilen Sie die Arbeitsblätter. Sprechen Sie mit den Jugendlichen über das Fairness-Prinzip, und erläutern Sie, inwieweit dieses beim Kompromisseschließen, Verhandeln und beim Lösen von Problemen helfen kann. Die Jugendlichen lernen, die Tipps beim Umgang mit Problemen als Regeln zu verwenden.
- Die Jugendlichen notieren in Vierergruppen einen Konflikt, der sich in ihrem Leben ergeben könnte, und eine passende Lösungsmöglichkeit. Die einzelnen Gruppen stellen den anderen nacheinander ihre Konfliktsituationen und die dazugehörigen Lösungsvorschläge (unter Berücksichtigung von Verhandlungen und Kompromissen) vor. Gemeinsam diskutieren die Jugendlichen über weitere mögliche Lösungen und Kompromisse.

5. Cool-down

- Die Jugendlichen berichten, was ihnen beim Finden der Lösung leicht- bzw. schwerfiel.
- Sie beschreiben in ihren Tagebüchern ein Problem bzw. eine schwierige Situation, mit der sie sich gerade auseinandersetzen müssen.

6. Zusatztraining

- Die Jugendlichen suchen aus aktuellen Zeitungen Artikel über Personen, Unternehmen oder Organisationen heraus, die versuchen, durch Verhandlungen zu einem Kompromiss zu finden bzw. ein Problem zu lösen. Sie notieren dabei die Standpunkte der gegensätzlichen Parteien und stellen Überlegungen dazu an, wie die Konflikte gelöst werden können.
- Zum Schluss zeichnen die Jugendlichen einen Comic, in dem mit Hilfe des Fairness-Prinzips ein Problem gelöst wird.

Produktiver Umgang mit Wut

Workout 26 Arbeitsblatt

Das Fairness-Prinzip

Auf diesem Arbeitsblatt findest du die Elemente des Fairness-Prinzips, die du nutzen kannst, wenn du mit jemandem verhandelst, einen Kompromiss schließen möchtest oder versuchst, ein Problem zu lösen.

Fairness-Prinzip

- Versuche zu verstehen, was der andere ausdrücken möchte.
- Versuche zu verstehen, wie der andere sich fühlt.
- Stimme einer Sache zu, die er gesagt hat.
- Mache deutlich, wie du das Problem siehst.
- Sage ihm, was du empfindest.
- Finde heraus, welches die wichtigsten Aspekte sind.
- Sprich mit dem anderen über diese Aspekte. Versucht dann gemeinsam, eine Lösung zu finden.
- Einigt euch auf eine Lösung.
- Sprecht noch einmal über eure Diskussion und darüber, wie ihr diese im Nachhinein beurteilt.

Unser Problem: _____

_____

Unser Lösungsvorschlag: _____

_____

_____

(Wenn du mehr Platz benötigst, kannst du auf der Rückseite weiterschreiben.)

Infos für Trainer Workout 27

Verteidigungsstrategien

 Vorbereitung

Ihr habt nur begrenzt Einfluss darauf, wie eine andere Person etwas empfindet oder sich verhält. Aber ihr könnt entscheiden, was ihr denkt, wie ihr handelt und was ihr zu anderen Personen sagt. Manchmal müsst ihr euch gegenüber jemandem verteidigen, der wütend auf euch ist. Dazu braucht man einen „Verteidigungsplan", eine Strategie, um positiv auf einen wütenden Menschen zu reagieren. Sollte der Plan nicht funktionieren, müsst ihr euch etwas anderes überlegen.

 Lernziele

- Strategien lernen, mit denen man schnell auf Wut reagieren kann.
- Adressen von Hilfsorganisationen suchen und zusammenstellen.

 Warm-up

Stellen Sie den Jugendlichen folgende Fragen:
- Welche typischen Reaktionen auf Wut kennt ihr?
- Wie könntet ihr auf jemanden reagieren, der wütend ist?

 Workout

- Sprechen Sie mit der Gruppe über die verschiedenen, auf dem Arbeitsblatt beschriebenen Strategien. Die Jugendlichen denken sich dann in kleinen Gruppen weitere Strategien aus.
- Teilen Sie jeder Gruppe eine Strategie zu. Sie soll dazu dann ein Plakat entwerfen und das jeweilige Konzept darstellen. Die Plakate können nach Belieben gestaltet werden, z.B. mit Bildern aus Zeitschriften, Comics oder Skizzen und natürlichen Materialien.

 Cool-down

- Ein Mitglied jeder Gruppe stellt den anderen das fertige Plakat vor.
- Sprechen Sie mit den Jugendlichen darüber, wie gefährlich es sein kann, mit einem aggressiven Menschen vernünftig zu reden.
- Stellen Sie (eventuell gemeinsam mit der Gruppe) für den Fall, dass Jugendliche zu Hause oder innerhalb einer anderen Beziehung misshandelt werden, eine Liste wichtiger Notfall-Telefonnummern und -Adressen zusammen. Auf diese Liste sollten die Jugendlichen ständig zurückgreifen können.
- Die Jugendlichen notieren Namen und Adressen von entsprechenden Hilfsorganisationen auf Karteikarten und beschreiben deren Arbeit jeweils auf der Rückseite der Karteikarte. Sammeln Sie die Karten in einem Karteikasten und stellen sie diesen an einen Platz, der allen ständig zugänglich ist.

 Zusatztraining

- Einige Freiwillige stellen schauspielerisch verschiedene Strategien dar. Die anderen müssen erraten, um welche es sich handelt. Sie können die Jugendlichen auch in zwei Gruppen einteilen und ein Wettspiel veranstalten.
- Die Jugendlichen suchen nach Filmen, in denen „Verteidigungsstrategien" dargestellt werden, und bringen diese mit.

Produktiver Umgang mit Wut

Workout 27   Arbeitsblatt

Verteidigungsstrategien

Beispiele für Verteidigungsstrategien:

Wenn du jemanden gekränkt hast ...
Abspiel: Du solltest akzeptieren, dass du nicht perfekt bist. Entschuldige dich bei der betroffenen Person und schließe dann mit der Sache ab.

Jemand wendet dir gegenüber körperliche oder psychische Gewalt an.
Rückpass: Mach, dass du wegkommst. Versuche nicht, mit der betreffenden Person vernünftig zu reden. Sprich mit jemandem darüber, zu dem du Vertrauen hast und der dir helfen kann, mit der Situation umzugehen.

Du hattest einen Streit mit jemandem und er ist aus gutem Grund böse auf dich.
Doppelpass: Schreie den Betreffenden nicht an und beschimpfe ihn nicht. Sprich mit ihm und erkläre, wie du die Angelegenheit siehst. Versucht dann, das Problem gemeinsam zu lösen.

Während eines Streits wird dir plötzlich klar, dass sich das Streiten gar nicht lohnt.
Querpass: Tu etwas, womit der andere nicht rechnet, z.B. einen Witz erzählen, lächeln oder lachen. Vergiss nicht, dich zu entschuldigen, falls du ausfallend warst.

Jemand ist wütend auf dich und macht hinter deinem Rücken etwas Gemeines.
Offensivspiel: Sprich diese Person darauf an. Äußere deine Vermutung darüber, was hinter deinem Rücken vorgeht. Mache deutlich, wie du dich fühlst und was deiner Meinung nach getan werden sollte, um das Problem zu lösen.

Jemand lässt dich einfach nicht in Ruhe oder spricht dich immer wieder auf dasselbe Thema an.
Defensivspiel: Sei ehrlich, selbstbewusst und höre aktiv zu. Versuche das Problem zu lösen.

Deine eigene (positive!) Verteidigungsstrategie:

Wie nennst du die Strategie:

_____

_____

Wann würdest du sie einsetzen?

_____

_____

Wie funktioniert sie?

_____

_____

 Gestalte mit deiner Gruppe ein Plakat, auf dem eine Verteidigungsstrategie dargestellt wird.

Infos für Trainer — **Workout 28**

Wut-Altlasten abbauen

1. Vorbereitung

Wut gehört zu unserem Alltag. Niemand kommt darum herum, sich dann und wann mit Wut auseinanderzusetzen. Der Umgang mit Wut gleicht den Unebenheiten einer Straße. Stellt euch z.B. einen Motorradfahrer auf einer Moto-Cross-Strecke vor. Er muss die starken Unebenheiten genauso meistern wie die ebenen Strecken. Die Unebenheiten sind der schwierige, aber trotzdem reizvolle Teil der Strecke. Auf den ebenen Abschnitten kann der Motorradfahrer beschleunigen. Auch im Leben gibt es glatte und unebene Streckenabschnitte. Ihr solltet deshalb versuchen, so gut wie möglich zu fahren und das, was ihr dabei lernt, einzusetzen, wenn die nächsten Unebenheiten auf der Strecke auftauchen. Außerdem ist es wichtig, auf andere Fahrer zu achten und den Blick nach vorn zu richten, damit ihr seht, was auf euch zukommt.

2. Lernziele

- Lernen, Wut nicht in sich hineinzufressen.
- Frühere Ereignisse benennen, über die die Jugendlichen sich noch immer ärgern.
- Lernen, wie man „Wut-Altlasten" abbauen kann.

3. Warm-up

Stellen Sie den Jugendlichen folgende Fragen:
- Seid ihr schon einmal wegen einer ganz unwichtigen Sache in die Luft gegangen?
- Wie könnt ihr verhindern, dass lang zurückliegende Dinge euch immer noch ärgern?

4. Workout

- Alle Jugendlichen bringen eine kleine leere Wasserflasche aus Plastik mit. Sie überlegen sich Situationen, die sie selbst in der Vergangenheit erlebt haben und über die sie sich noch immer ärgern. Diese Situationen schreiben sie auf kleine Zettel. Für besonders große Ärgernisse können auch größere Zettel verwendet werden.
- Die Jugendlichen falten oder knüllen die Zettel zusammen (dabei kann das Geschriebene ruhig sichtbar bleiben) und stecken sie in ihre Flaschen.
- Sprechen Sie mit ihnen darüber, warum manche Flaschen voller sind als andere. Was könnte passieren, wenn jemand in eine ohnehin schon volle Flasche immer mehr Zettel hineinsteckt?
- Zum Abschluss bearbeiten die Jugendlichen in Zweiergruppen die Aufgaben auf dem Arbeitsblatt. Hierbei benennen und üben sie Strategien zum Wut-Management.

5. Cool-down

- Die Jugendlichen können die Flasche als Flaschenpost benutzen, um einem Freund oder Familienmitglied eine positive Nachricht oder Aufmunterung zu schicken. Die Nachricht wird in die Flasche gesteckt, die dann noch verziert werden kann.

6. Zusatztraining

- Die „Flaschenpost"-Aktion kann nochmals aufgegriffen und fortgeführt werden.
- Die Jugendlichen schenken die Flasche einer Person, die ihnen viel bedeutet, und tauschen die enthaltene Nachricht wöchentlich oder monatlich aus. Hierfür sollten sie allerdings hübschere Flaschen benutzen.
- Die Jugendlichen füllen die Flaschen mit Dingen, die ihren eigenen Charakter darstellen. Hierfür können sie z.B. farbiges Papier, Dinge aus der Natur, Bastelmaterial usw. verwenden. Zum Abschluss zeigen sie den anderen ihre Flaschen und erklären, warum sie die gewählten Gegenstände ausgesucht haben.

Endlich ärgere ich mich nicht mehr über die 5 in Mathe von letzter Woche!

Workout 28 — Arbeitsblatt

Wut-Altlasten abbauen

Jeder muss sich in seinem Leben mit Wut auseinandersetzen. Du kannst nicht ganz und gar verhindern, dass du dich selbst oder jemand anders sich ärgert. Wichtig ist, dass du lernst, positiv und selbstbewusst damit umzugehen. Wenn du deine Wut nur in dich hineinfrisst, kann das sehr negative Folgen haben.

 Schreibe auf jeden Finger der hier abgebildeten Hand eine Strategie, mit Wut konstruktiv umzugehen. „Schüttel" deinem Tischnachbarn die Hand, sodass ihr dann gemeinsam zehn verschiedene Strategien habt. Solltet ihr zum Teil dieselben Strategien notiert haben, sammelt ihr einfach in einem Brainstorming ein paar zusätzliche. Wenn ihr zehn verschiedene Wut-Management-Strategien zusammenhabt, könnt ihr über die Vor- und Nachteile der jeweiligen Strategien sprechen.

 Suche dir dann eine Wut-Management-Strategie aus, die du in den kommenden zwei Wochen üben willst.

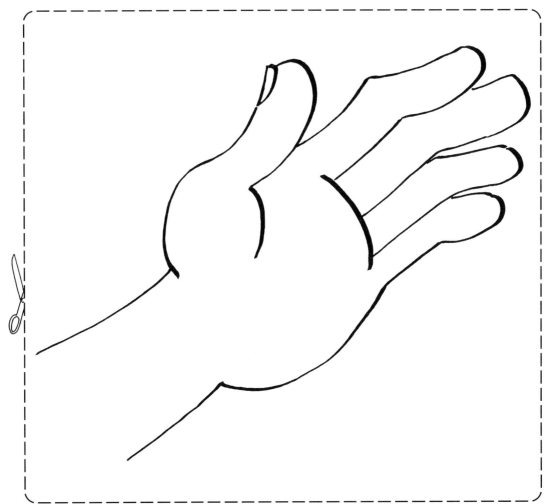

 Du kannst diese Hand ausschneiden und sie an einem Platz aufhängen, wo du sie oft siehst. So wird es dir leichter fallen, dir die Strategien zu merken.

Infos für Trainer

Lass deine Wut raus

 Vorbereitung

Wenn man bei Wut auf aggressive Strategien zurückgreift, führt das meist dazu, dass man sich noch mehr ärgert. Es ist viel hilfreicher, auf beruhigende, entspannende Strategien zu setzen, also z.B. Sport zu treiben oder sich bei langsamer Musik zu entspannen, anstatt noch mehr Aggressionen aufzubauen.

 Lernziele

- Strategien benennen, mit denen man seine Wut auf positive Art und Weise herauslassen kann.
- Einen Plan aufstellen, in dessen Rahmen die Jugendlichen während des folgenden Monats eine bestimmte Strategie anwenden.
- Langzeitfolgen chronischer Wutgefühle benennen.

 Warm-up

Stellen Sie den Jugendlichen folgende Fragen:
- Was passiert, wenn jemand seine Wut über Monate hinweg nicht verarbeitet?
- Welche gesundheitlichen Schäden kann Wut verursachen, die über einen längeren Zeitraum anhält?
- Sammelt in einem Brainstorming Strategien, mit denen ihr Wut abbauen könnt.

 Workout

- Die Jugendlichen bearbeiten, jeder für sich, die Aufgaben auf dem Arbeitsblatt.
- Bei der zweiten Aufgabe befragen sie zwei Personen, die nicht zur Gruppe gehören.

 Cool-down

- Jeder denkt sich eine Strategie aus, mit deren Hilfe man positiv mit Wut umgehen kann, und schreibt diese auf eine Karteikarte. Die Jugendlichen können ihre Karten mit Bildern, Ausschnitten aus Zeitschriften, Slogans oder Zeichnungen ausgestalten, damit diese mehr ins Auge fallen. Kleben Sie die fertigen Karten auf einen großen Bogen Tonpapier und hängen Sie ihn im Raum auf.

 Zusatztraining

- Laden Sie einen Fachmann aus dem medizinischen Bereich ein, damit er über die möglichen körperlichen Folgen von lang anhaltender Wut spricht (z.B. Herzerkrankungen, Bluthochdruck, Geschwüre, Depressionen, Migräne, Verdauungsbeschwerden).
- Die Jugendlichen denken sich ein Motto oder ein Logo zum Umgang mit Wut aus (z.B. *„Ausspannen statt ausrasten!"*) und gestalten damit ein Plakat.
- Zu Beginn jeder Zusammenkunft stellen zwei Jugendliche dem Rest der Gruppe eine Möglichkeit vor, Wut abzubauen. Die anderen schreiben die Vorschläge in ihr Tagebuch.
- Verteilen Sie unbenutzte Kalender. Die Jugendlichen schreiben für jeden Tag eine andere Möglichkeit auf, anhand derer sie Stress oder Wut abbauen werden.

Produktiver Umgang mit Wut

Workout 29 — Arbeitsblatt

Lass deine Wut raus

Bevor eure Wutgefühle Probleme im Alltag verursachen, solltet ihr euch lieber intensiv mit diesen Gefühlen beschäftigen. Wenn ihr eure Wut in euch hineinfresst, kann es sein, dass ihr euch hilflos oder deprimiert fühlt. Menschen mit aufgestauter Wut sind oft unzufrieden, gereizt, nervös, durcheinander oder erschöpft. Dann kann es passieren, dass sie wegen absoluter Kleinigkeiten in die Luft gehen. Manche verlieren deshalb sogar ihre Freunde, kommen nicht gut mit ihrer Familie zurecht oder haben bei der Arbeit Probleme. Durch Untersuchungen wurde belegt, dass man Herzerkrankungen, Geschwüre, Migräne und Magenbeschwerden bekommen kann, wenn man seine Wut über längere Zeit hinweg nicht herauslässt. Wenn deine Wut bereits Auswirkungen auf deine Leistungen in der Schule, deinen Job, deine Freunde, deine Beziehung oder dein Familienleben hat, ist es höchste Zeit, etwas dagegen zu tun. Du kannst lernen, deinen Ärger herauszulassen. Jeder Mensch tut dies auf andere Art und Weise.

 Lies dir die unten stehenden Vorschläge durch und kreuze diejenigen an, die du benutzen würdest.

Meine Wut kann ich ...

- ☐ **weg-schreiben** — Schreibe ein Gedicht, einen Brief oder ein Lied in dein Tagebuch.
- ☐ **weg-trainieren** — Gehe joggen, spazieren, schwimmen, Rad fahren, Fußball, Basketball oder Volleyball spielen, Rollerblades, Skateboard fahren oder was immer du gern tust, um dich körperlich zu betätigen.
- ☐ **weg-malen** — Skizziere, wie deine Wut aussieht oder wie du dich fühlst.
- ☐ **weg-basteln** — Mache eine Collage oder modelliere etwas aus Ton.
- ☐ **weg-reden** — Sprich mit einem deiner Freunde, mit deinem Vertrauenslehrer oder einem anderen Erwachsenen, dem du vertraust, über deine Probleme.
- ☐ **weg-singen** — Höre dir eine CD deiner Lieblingsgruppe an und singe mit.
- ☐ **weg-tanzen** — Mache Musik an und tanze deine Wut einfach weg.
- ☐ **weg-entspannen** — Meditiere oder mache Yoga, Tai Chi oder eine andere entspannende Tätigkeit.
- ☐ **weg-lachen** — Sieh dir eine Comedy-Serie an oder lies etwas Lustiges. Betrachte das Leben von seiner schönen Seite.
- ☐ **weg-lesen** — Lies ein gutes Buch oder eine gute Zeitschrift.

Kennst du noch weitere Tricks, mit denen man seine Wut abbauen kann? Schreibe sie in dein Heft.
Stelle zwei unterschiedlichen Personen die folgende Frage und notiere ihre Antworten in dein Heft: „Was unternimmst du, um aufgestaute Wut abzubauen?"

Infos für Trainer   **Workout 30**

Nimm dir eine Auszeit

 Vorbereitung

Stress und Wut sind sehr eng miteinander verbunden. Auch Stress kann man nicht ganz und gar vermeiden. Er kommt im Leben jedes Menschen vor. Die unterschiedlichsten Dinge können Stress verursachen: Angst vor einer Klassenarbeit, ein Krankheitsfall in der Familie, Unzufriedenheit mit dem eigenen Aussehen, ein Umzug oder der Verlust eines Freundes. Wie bei Wut hängt es auch bei Stress von unserer derzeitigen Verfassung ab, wie wir damit umgehen. Wenn du jeden Tag Stress hast, wird es dir schwerfallen, mit alltäglichen Problemen umzugehen. Kleine und große Probleme können dann schnell Wutgefühle auslösen, weil man nicht mit einer Situation zurechtkommt. Wie man über bestimmte Vorfälle denkt bzw. zu diesen steht, hat großen Einfluss darauf, wie gestresst man sich fühlt.

 Lernziele

- Verstehen, wie eng Wut und Stress zusammenhängen.
- Lernen, wie man mit Atemübungen und Visualisierungen Stress abbauen kann.

 Warm-up

Stellen Sie den Jugendlichen folgende Fragen:
- Welche Situationen verursachen Stress?
- Was haben Stress und Wut gemeinsam?
- Wie reagiert euer Körper auf Stress oder Wut (z.B. Anspannung, schnelles Atmen, Konzentrationsschwierigkeiten usw.)?
- Wo könntet ihr euch gut entspannen? Ihr könnt einen tatsächlich existierenden Ort oder einen Fantasie-Ort nennen. Gibt es Orte oder Situationen, die ihr entspannend findet, andere aber als furchtbar anstrengend empfinden (z.B. ein Rockkonzert, eine Zugfahrt ...)?

 Workout

- Jeder bekommt Ton, Tonpapier und eine Schachtel (z.B. Schuhkartons), in der er seinen eigenen Ort zum Entspannen gestaltet.
- Erläutern Sie die zwei schnell wirkenden und leicht einsetzbaren Anti-Stress-Techniken **kontrolliertes Atmen** und **Visualisierung**.
Beim kontrollierten Atmen sollte man tief und gleichmäßig in den Bauch hinein- und langsam wieder herausatmen, wobei die Bauchdecke sich hebt und wieder senkt. Zur Kontrolle können die Hände auf den Bauch gelegt werden. Bei der Visualisierung stellt man sich etwas bildlich vor, um sich zu beruhigen.
Diese Strategien sollten am besten in stressfreien Zeiten geübt werden, damit man sie bei Bedarf schnell anwenden kann.

 Cool-down

- Die Jugendlichen überlegen sich einen Namen für ihren persönlichen Entspannungsort (z.B. „*Mein allerschönster Strand*" oder „*Mein Paradies*") und schreiben diesen auf eine Karte.
- Dann gestalten sie eine Collage, auf der sie entspannende Orte und Beschäftigungen darstellen.

 Zusatztraining

- Führen Sie Buch darüber, wann die Jugendlichen kontrolliertes Atmen oder Visualisierungen zur Entspannung benutzen. Halten Sie fest, wie gut die Techniken funktionieren.
- Besuchen Sie in einer Yoga- oder Tai-Chi-Schule einen Einführungskurs über Entspannungstechniken, und vermitteln Sie den Jugendlichen erste Grundübungen zum Entspannen.
- Laden Sie verschiedene Personen aus Ihrer Umgebung ein, die sich beruflich mit der Entspannung anderer Menschen beschäftigen (z.B. Masseure, Physiotherapeuten oder Personen, die in einem Thermalbad oder einem Wellness-Center arbeiten). Sie können den Jugendlichen von ihrer Arbeit berichten.
- In einem letzten Schritt denken die Jugendlichen sich eine neue Möglichkeit aus, „*Anspannung*" und „*Entspannung*" zu visualisieren (z.B. etwas mit der Hand zusammendrücken und dann den Griff wieder lockern).
- Literaturtipps zum Thema Entspannung finden Sie auf Seite 108.

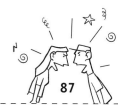

Workout 31

Infos für Trainer

Wo bekomme ich Hilfe?

1 Vorbereitung

Vielleicht wünscht ihr euch im Laufe des Wut-Workouts irgendwann einmal mehr Informationen, professionelle Unterstützung oder Hilfe für euch selbst oder für einen Freund. Oft ist es leichter, sich von jemandem helfen zu lassen, den man gut kennt. Manchmal möchtet ihr aber vielleicht lieber mit einem Fachmann sprechen, der sich darauf spezialisiert hat, anderen Menschen bei bestimmten Problemen zu helfen. Es ist wichtig, schon vor einem Notfall zu wissen, an wen man sich wenden kann, wenn man Hilfe oder einen Rat braucht. Denn dann habt ihr (oder jemand anders, der Hilfe braucht) vielleicht nicht mehr die Zeit, danach zu suchen.

2 Lernziele

- Eine Liste der Hilfsangebote in der Stadt erstellen und beschreiben, welche Art von Hilfe jede dieser Organisationen für Jugendliche anbietet.
- Ein Flugblatt oder eine Broschüre gestalten, mit der die Menschen ermuntert werden, um Hilfe zu bitten, wenn sie sie brauchen.

3 Warm-up

Stellen Sie den Jugendlichen folgende Fragen:
- Mit welchen Problemen beschäftigen sich viele Jugendliche zur Zeit?
- An welche Hilfsgruppen, Verbände oder Vereine können Jugendliche sich wenden, wenn sie Probleme haben und Hilfe brauchen?

4 Workout

- Teilen Sie die Jugendlichen in Gruppen ein. Bringen Sie für jede Gruppe ein Telefonbuch sowie die Gelben Seiten mit, außerdem Faltblätter über Vereine, Verbände und Organisationen, bei denen Jugendliche Hilfe erhalten können.
- Jede Gruppe erstellt eine Liste der Organisationen, an die Jugendliche sich wenden können, wenn sie Hilfe benötigen (z.B. Sorgentelefon, Beratungsstellen für Familien, psychologische Beratungsdienste usw.). Die Listen sollten Namen, Adressen und Telefonnummern enthalten. Außerdem beschreiben die Jugendlichen kurz, welche Art Hilfe die jeweilige Organisation anbietet.
- Geben Sie jeder Gruppe einen Papierbogen. Die Jugendlichen falten diesen mit zwei Knicken auf ein Drittel, sodass das Format eines Faltblatts entsteht. In ihren Arbeitsgruppen gestalten sie dann ein Faltblatt über Anlaufstellen für Jugendliche mit Problemen. Sie können ihre Faltblätter auch mit Hilfe eines PCs gestalten.
- Variante zu dieser Übung: Jede Gruppe gestaltet ein Faltblatt zu einem bestimmten Thema (z.B. Misshandlung, Missbrauch, Depressionen ...).

5 Cool-down

- Jede Gruppe stellt den anderen ihr Faltblatt vor. Dann werden die Faltblätter aufgehängt.

6 Zusatztraining

- Laden Sie Vertreter verschiedener Organisationen ein, die von ihrer Arbeit berichten.
- Besuchen Sie mit den Jugendlichen eine solche, in Ihrer Stadt ansässige Organisation.
- Die Jugendlichen informieren sich über eine der genannten Organisationen.
- Sie interviewen einen Mitarbeiter einer der Organisationen.
- Sie denken sich einen TV- oder Radio-Werbespot für eine Organisation aus, die Jugendlichen in bestimmten Lebensbereichen hilft.

Infos für Trainer — Workout 32

Löse deine Probleme

1. Vorbereitung

Probleme sind Teil unseres Lebens. Stellt euch vor, ihr wärt von zwei verschiedenen Freunden übers Wochenende eingeladen worden. Wie entscheidet ihr, wem ihr zusagt? Noch schwieriger wird es, wenn ihr euch später entscheiden müsst, welchen Beruf ihr ergreifen und wo ihr arbeiten wollt. Es ist sehr wichtig, zu lernen, wie man Probleme löst und Entscheidungen trifft, denn diese Fähigkeiten braucht man sein Leben lang.

Die Mitglieder einer Sportmannschaft müssen sich im Vorfeld auf eine bestimmte Strategie einigen. Sie versuchen sich vorzustellen, wie die gegnerische Mannschaft sich verhalten wird, und entscheiden sich dann für eine bestimmte Strategie. Sollte diese nicht funktionieren, müssen sie eine andere Möglichkeit ausprobieren.

2. Lernziele

- Lernen, die Problemlösungsstrategie anzuwenden.
- Schwierige Entscheidungen benennen.
- Fähigkeiten benennen, die man benötigt, um im Team zu arbeiten.

3. Warm-up

- Erläutern Sie die einzelnen Schritte der Problemlösungsstrategie anhand eines Problems, das viele Jugendliche beschäftigt.

4. Workout

- In Gruppenarbeit lernen die Jugendlichen anhand eines Beispiels, mit der „Problemlösungsstrategie" zu arbeiten. Dann stellen sie die einzelnen Schritte in einem Schaubild dar und stellen den anderen das Ganze vor.

5. Cool-down

- Die Jugendlichen erklären, was ihnen beim Durchgehen der einzelnen Schritte der „Problemlösungsstrategie" schwer- und was ihnen leichtgefallen ist.
- Sie überlegen, warum zum Umgang mit Wut auch das Lösen von Problemen gehört.
- Alle schreiben eine Liste mit schwierigen Entscheidungen, die sie in der Vergangenheit treffen mussten bzw. in der Zukunft vermutlich treffen müssen.

6. Zusatztraining

- Die Jugendlichen zeichnen, malen oder collagieren die von ihnen bisher getroffenen wichtigen Entscheidungen symbolisch.
- Sie suchen sich ein Staatsoberhaupt, den Geschäftsführer eines großen Unternehmens oder eine andere Person aus, die sich jeden Tag mit vielen Problemen auseinandersetzen muss. Unter dem Titel *„Ein Tag im Leben von ____"* schreiben sie die möglichen Probleme der Person auf.

— Produktiver Umgang mit Wut —

Workout 32   **Arbeitsblatt**

Löse deine Probleme.

Löse mit Hilfe der Problemlösungsstrategie ein Problem, das viele Jugendliche in deinem Alter beschäftigt.

Problemlösungsstrategie

1. Problem benennen
Stelle möglichst präzise fest, worin das Problem besteht.

2. Mögliche Lösungen aufzählen
Überlege dir, was du zur Lösung des Problems unternehmen könntest. Suche in einem Brainstorming nach Lösungen.

3. Beste Lösungen heraussuchen
Wähle die besten Lösungen aus. Du kannst sie auch abändern oder einige davon miteinander verknüpfen. Details sind jetzt noch nicht so wichtig.

4. Sich die Folgen ausmalen
Gehe ein paar der möglichen Reaktionen auf das Problem in Gedanken durch. Stelle dir dazu die folgenden Fragen:
- *„Was würde passieren, wenn ...?"*
- *„Wie würde es sich auf meine Gefühle, Bedürfnisse und Wünsche auswirken?"*
- *„Wie würden andere Personen reagieren?"*

Wenn du dir über all diese Dinge Gedanken gemacht hast, suchst du dir die beste Lösung aus und entscheidest, wie du sie umsetzt.

Arbeitsblatt — Workout 32

Löse deine Probleme ❷

5. Bewerten

In einem letzten Schritt musst du beurteilen, ob deine Entscheidung hilfreich war oder nicht. Frage dich selbst:
- *„Hat sich die Situation so entwickelt, wie ich es erwartet hatte?"*
- *„War das Ergebnis besser, als wenn ich gar nichts unternommen hätte?"*
- *„Was für Folgen hat die Lösung des Problems?"*

So wie ein Sportler seine Disziplin immer wieder üben muss, solltest auch du trainieren, die beste Lösung für ein Problem zu finden.

- Beschreibe hier das Problem, das du zusammen mit deiner Gruppe lösen möchtest:

  _____
  _____
  _____

Auf einem anderen Blatt Papier beschreibst du jetzt, wie du dieses Problem mit den einzelnen Schritten des „Problemlösungsprinzips" lösen kannst.

- Schwierige Entscheidungen, die ich in meinem Leben schon getroffen habe:

  _____
  _____
  _____

- Schwierige Entscheidungen, die ich in Zukunft wahrscheinlich treffen muss:

  _____
  _____
  _____

Produktiver Umgang mit Wut

Workout 33 — Infos für Trainer

Dein Beraterteam

 Vorbereitung

An wen wendet ihr euch, wenn ihr einen Rat braucht? Mit wem habt ihr in der Vergangenheit über Probleme gesprochen? Mit wem würdet ihr über eine schwierige Entscheidung reden, die ihr treffen müsstet? Wenn man mit einem Vertrauten über ein Problem spricht, kann man sich der Vor- und Nachteile einer beabsichtigten Entscheidung bewusst werden und das Problem aus einer anderen Perspektive betrachten.

 Lernziele

- Personen benennen, die den Jugendlichen helfen können, ein Problem zu lösen.
- Ratschläge notieren, die ihnen diese Personen bei einem bestimmtem Problem vermutlich geben würden.

 Warm-up

- Die Jugendlichen zählen Personen auf, die ihnen normalerweise bei schwierigen Entscheidungen Ratschläge geben (z.B. Freunde, Familienmitglieder, Trainer, Vertrauenslehrer, Klassenlehrer).

 Workout

- Die Jugendlichen überlegen sich ein Problem, das sie gerade beschäftigt. Sie stellen sich vor, sie würden eine Sitzung mit einem Beraterteam abhalten, dem alle Menschen angehören, die ihnen normalerweise Ratschläge erteilen. Alle wichtigen Details des Treffens notieren sie auf dem Arbeitsblatt.

 Cool-down

- Die Jugendlichen äußern sich zu folgenden Fragen:
  - Welche Menschen sind euch eine große Hilfe?
  - Wer steht auf eurer Seite?
  - Was gefällt euch an diesen Menschen? Wie sind sie?
  - Warum sind sie euch wichtig?
- Nach dem Vorbild von Autogrammkarten basteln die Jugendlichen Karten von den Personen, die ihnen eine große Hilfe sind. Auf die Vorderseite der Karte kleben sie ein Foto der Person oder malen ein Bild von ihr. Auf der Rückseite beschreiben sie, warum diese Person etwas Besonderes für sie darstellt. Bei der Gestaltung ihrer Karten können die Jugendlichen echte Autogrammkarten zu Hilfe nehmen.

 Zusatztraining

- Die Jugendlichen schreiben den Personen einen Brief, die ihnen einmal geholfen haben.
- Sie verfassen eine Stellenanzeige, in der sie alle Eigenschaften beschreiben, die die Mitglieder ihres Beraterteams haben sollten.

Dein Beraterteam

Als Team bezeichnet man eine Gruppe von Leuten, die gemeinsam eine Aufgabe erfüllen oder ein Problem lösen wollen. Die Aufgabe deines Teams besteht darin, dir bei der Lösung eines Problems hilfreich zur Seite zu stehen.

1. Du bist der Leiter des Teams. Schreibe deinen Namen in das ovale Feld.
2. Beschreibe das Problem auf dem „Tisch" vor dir.
3. Schreibe die Namen der anderen Teammitglieder an die Plätze rund um den Tisch.
4. Schreibe in die Sprechblasen, was die einzelnen Personen dir raten würden.

Wenn der Platz nicht ausreicht, kannst du die Sprechblasen auch nummerieren und die Zahlen mit den Texten auf die Rückseite schreiben. Oder du fertigst selbst eine größere Skizze an.

Vergiss nicht, dass es *dein* Problem ist. Die Teammitglieder beraten dich zwar oder machen dir Vorschläge, aber du *selbst* musst schließlich entscheiden, was du tun wirst.

Schreibe am Ende der Sitzung ins Protokoll, was du zur Lösung deines Problems unternehmen wirst. Benutze für das Sitzungsprotokoll die Rückseite des Arbeitsblattes.

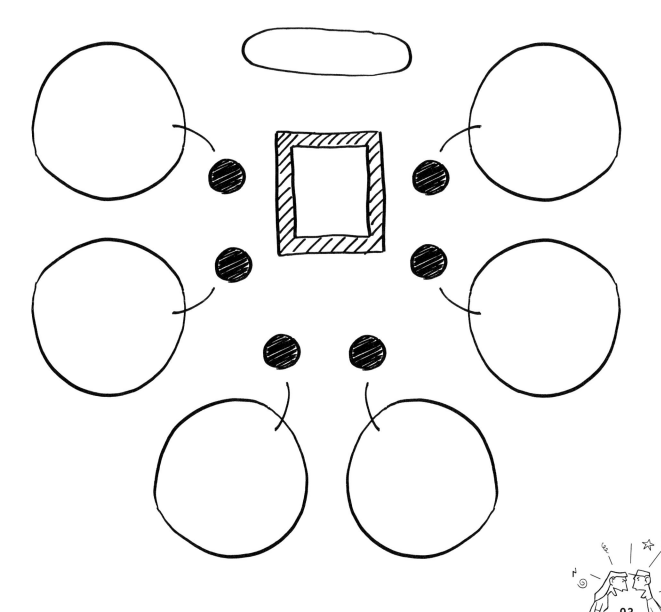

Produktiver Umgang mit Wut

Workout 34 — Infos für Trainer

Persönliches Gleichgewicht

 Vorbereitung

Unser Leben besteht aus vier wichtigen Bereichen: dem sozialen, körperlichen, emotionalen und dem intellektuellen Bereich. Um für Ausgeglichenheit in eurem Leben zu sorgen, müssen diese vier Bereiche sich miteinander im Einklang befinden, so wie bei einem Auto alle vier Reifen gleich stark aufgepumpt sein müssen. Ist das nicht der Fall, kann das Fahren ziemlich unangenehm und auch gefährlich werden. Wer dafür sorgt, dass die vier Bereiche miteinander im Einklang sind, ist meist gesünder, fühlt sich wohler und hat mehr Spaß am Leben.

 Lernziele

- Die Elemente eines ausgeglichenen Lebens kennen lernen.
- Benennen, was die Jugendlichen derzeit für diese vier verschiedenen Lebensbereiche tun.
- Lernen, was man im Alltag unternehmen kann, um ein ausgeglichenes Leben zu führen.

 Warm-up

Stellen Sie den Jugendlichen folgende Fragen:
- Warum ist es wichtig, ein ausgeglichenes Leben zu führen?
- Was passiert, wenn ein starkes Ungleichgewicht zwischen den einzelnen Lebensbereichen besteht?
- Wie würdet ihr euch fühlen, welche Gedanken würden euch durch den Kopf gehen und wie würdet ihr euch verhalten?
- Fühlt ihr euch zu bestimmten Zeiten des Jahres ausgeglichener bzw. weniger ausgeglichen als zu anderen?
- Zeichnen Sie vier Kreise an die Tafel oder auf einen großen Bogen Papier und beschriften Sie diese mit den Bezeichnungen der vier Lebensbereiche. Dann überlegen die Jugendlichen sich für jeden Begriff eine Definition.

 Workout

- Die Jugendlichen sammeln in Gruppenarbeit Begriffe, die zu den einzelnen Bereichen passen, und diskutieren anschließend im Plenum über diese Begriffe.
Beispiele:
- **Sozialer Bereich:** gemeinsame Aktivitäten mit Freunden, z.B. im Rahmen der Mitgliedschaft in einem Verein oder einer anderen Organisation, anderen Menschen etwas schenken, ehrenamtliche Arbeiten.
- **Körperlicher Bereich:** Entspannung, Erholung, gesunde Ernährung, Körperpflege im weiteren Sinne (Maniküre, Gesichtspflege, Massage), Bewegung, allgemeine Aktivität.
- **Emotionaler Bereich:** ein ausgefülltes Leben führen, feste Bezugspersonen um sich herum haben, sich selbst Ziele setzen, Zeit für sich selbst haben.
- **Intellektueller Bereich:** Tätigkeiten, die fordern, lernen, Projekte verfolgen, Kreativität, Kunst, Natur, Hobbys, Interessen, eine neue Fähigkeit erlernen.
- Jeder füllt für sich das Arbeitsblatt aus.

 Cool-down

Weitere Fragen und Aufgaben:
- Seid ihr überrascht, wie eure „Reifen" aussehen?
- Hatte jemand von euch ein völlig ausgeglichenes Leben mit vier genau gleich stark aufgepumpten Reifen?
- Wie könntet ihr den Luftdruck in einem der Bereiche vermindern bzw. erhöhen?
- Denkt eine Weile über diese Fragen nach und notiert eure Gedanken in eurem Tagebuch.

 Zusatztraining

- Die Jugendlichen notieren, was sie in der folgenden Woche für sich selbst tun werden (eine Sache für jeden Bereich).
- Sie tauschen ihre Arbeitsblätter mit dem Tischnachbarn aus und berichten sich gegenseitig, an welchen Lebensbereichen sie noch arbeiten müssen.
- Die Jugendlichen nehmen an vier Aktivitäten teil, um die vier Bereiche zu fördern, z.B.:
- **Sozialer Bereich:** freiwillig einen Nachmittag lang in einem Krankenhaus oder einem Altersheim arbeiten.
- **Körperlicher Bereich:** ein paar Stunden Sport treiben.
- **Emotionaler Bereich:** einen lustigen Film sehen oder Jonglieren lernen.
- **Geistiger Bereich:** ein schwieriges Rätsel lösen oder ein Museum besuchen.

Arbeitsblatt   Workout 34

Persönliches Gleichgewicht

Die vier Reifen, die du auf diesem Arbeitsblatt siehst, sollen die vier verschiedenen Bereiche deines Lebens darstellen: den sozialen, den körperlichen, den emotionalen und den intellektuellen Bereich. Was musst du tun, damit die vier Reifen alle gleich prall sind? Musst du aus einigen Luft herauslassen oder sie aufpumpen? Sind sie platt, kurz vorm Platzen oder genau richtig aufgepumpt?

Wie ausgeglichen ist dein Leben?

 Kreuze die entsprechende Zahl auf dieser Skala an (1 steht für „völlig ausgeglichen" und 10 für „total unausgeglichen").

| 1 | 2 | 3 | 4 | 5 | 6 | 7 | 8 | 9 | 10 |

 Schreibe in die Mitte der Reifen, was du derzeit für den jeweiligen Bereich deines Lebens tust.

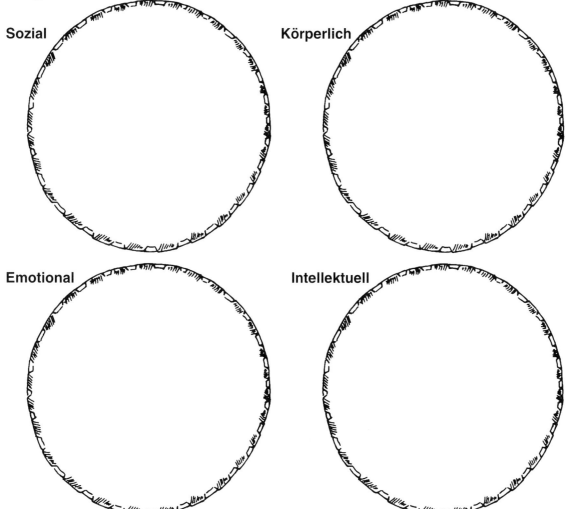

Sozial

Körperlich

Emotional

Intellektuell

 Beschreibe, was du in jedem Bereich verbessern könntest. Was solltest du für dich selbst tun, damit die Bereiche ausgeglichener sind? Schreibe auf die Rückseite des Blattes.

Produktiver Umgang mit Wut

Workout 35 Infos für Trainer

Träume verwirklichen

 Vorbereitung

Im Leben jedes Menschen verändert sich ständig etwas. Veränderungen gibt es in vielen Bereichen: z.B. wenn ihr etwas dazulernt, finanziell unabhängig werdet, neue Freunde gewinnt oder umzieht. Wir träumen oft von Dingen, die wir uns wünschen. Wenn ihr einen Traum verwirklichen wollt, solltet ihr euch als ersten Schritt ein persönliches Ziel setzen. Einen Traum zu verwirklichen, kostet Mut, Stärke, Ausdauer und Willenskraft. Das hat nichts mit Glück zu tun, sondern mit harter Arbeit.

 Lernziele

- Persönliche Wunschträume benennen.
- Sich Ziele setzen, um Träume zu verwirklichen.
- Träume und künftige Ziele mit Symbolen in einem Traumfänger darstellen.

 Warm-up

Stellen Sie den Jugendlichen folgende Fragen:
- Was denkt ihr über Veränderungen? Was denken andere Personen, die ihr kennt, darüber?
- Habt ihr schon einmal erlebt, dass ihr eine bestimmte Veränderung zuerst als negativ empfunden habt, die sich später aber als positiv herausstellte?

 Workout

- Nehmen Sie noch einmal Bezug auf Workout 34 „*Persönliches Gleichgewicht*" (s.S. 94/95). Die Jugendlichen berichten, ob sie gelernt haben, was ihnen im Leben wirklich wichtig ist. Danach bearbeiten sie das Arbeitsblatt.

 Cool-down

- Die Jugendlichen nennen Personen und Institutionen, die ihnen dabei helfen können, ihre Träume zu verwirklichen.
- Sie überlegen sich, welche Hindernisse ihnen erschweren könnten, ihre Ziele zu erreichen.

 Zusatztraining

- Die Jugendlichen basteln richtige Traumfänger und bringen Symbole darin an. Einige Freiwillige erläutern den anderen ihre persönlichen Traumfänger.
- Die Jugendlichen benutzen eine Schachtel als Traumfänger (z.B. einen Schuhkarton). Sie legen ihre Traumsymbole hinein und verschließen die Schachtel mit einem Deckel. Dann können sie die Schachtel von außen bemalen oder anders verzieren und sie als „Traumtruhe" aufbewahren.

Arbeitsblatt Workout 35

Träume verwirklichen

Was möchtest du in deinem Leben erreichen? Wie stellst du dir dein Leben in 10 oder 20 Jahren vor? Wie stellst du dir ein erfolgreiches Leben vor? Was würde dich glücklich machen?
Überlege, was dir in deinem Leben wirklich wichtig ist: Zufriedenheit, Gesundheit, Liebe, Geld, Macht, Spaß, Freiheit, Bildung ...
Schreibe in dein Heft, wovon du träumst.

„Ich träume davon, ..."
Jetzt machst du den ersten Schritt, um etwas zu verändern und einen deiner Träume zu verwirklichen. Setze dir ein erreichbares Ziel.

„Ich werde ..."
Was musst du tun, um dieses Ziel zu erreichen und deinen Traum zu verwirklichen?

„Ich muss die folgenden Schritte machen: ..."

Der Traumfänger
Der Traumfänger ist ein altes Symbol, an das auch heute noch viele Menschen glauben. Er besteht aus einem Kreis, in dem Fäden zu einem Netz gespannt sind. Man hängt den Traumfänger über dem Bett auf, damit sich schlechte Träume im Netz verfangen. Die guten Träume dagegen werden durchgelassen. Sie gleiten über die Feder zu dem Menschen, der unter dem Traumfänger schläft. Mit diesem Traumfänger kannst du darstellen, was dir persönlich wichtig ist. Er soll zeigen, wovon du träumst, was du dir wünschst, was dir wichtig ist und was für Ziele du dir im Leben setzt.

Male Symbole rund um den Traumfänger, die verdeutlichen, was dir in deinem Leben wichtig ist.

Produktiver Umgang mit Wut

Workout 36 Infos für Trainer

Dein Trainingsplan

 Vorbereitung

Jetzt habt ihr alle nötigen Informationen zusammen und es wird Zeit zu handeln. Stellt einen konkreten Plan für die kommenden zwei Wochen auf. In diesem legt ihr in etwa fest, was ihr unternehmen werdet, um besser mit eurer Wut umzugehen. Fangt klein an! Versucht, nicht gleich das komplizierteste Problem zu lösen. Wenn ihr euer erstes Ziel erreicht habt, solltet ihr euch belohnen und euch das nächste Ziel setzen. Lasst euch genug Zeit, um alles richtig zu machen, und feiert auch die kleinen Erfolge.

 Lernziele

- Mit Hilfe des Zielsetzungsprinzips einen Text über ein persönliches Ziel verfassen.

 Warm-up

Stellen Sie den Jugendlichen folgende Fragen:
- Warum ist es hilfreich, sich selbst Ziele zu setzen?
- Welche Ziele könntet ihr euch in Bezug auf Wut-Management setzen?
- Was könnt ihr unternehmen, wenn euer Ziel zu leicht oder zu schwer zu erreichen ist?
- Wie könnt ihr euch selbst belohnen, wenn ihr euer Ziel erreicht habt?

 Workout

- Zeichnen Sie eine Leiter an die Tafel, um zu verdeutlichen, wie man auch durch viele kleine Schritte etwas verändert und zum Ziel kommt. Die unterste Sprosse könnte vielleicht dafür stehen, dass man zu Hause nicht mehr flucht, die folgenden dafür, in der Schule nicht mehr zu fluchen und Freunde nicht mehr zu kränken. Die oberste Sprosse könnte dann z.B. darin bestehen, respektvoll mit seinen Freunden umzugehen. Machen Sie den Jugendlichen deutlich, dass man sich kleinere, leichter erreichbare Ziele setzen sollte, um öfter ein Erfolgserlebnis zu haben. Sie könnten z.B. anhand eines Hochspringers verdeutlichen, wie man sein Ziel immer nur leicht nach oben schrauben sollte, damit es erreichbar bleibt.
- Erläutern Sie das Zielsetzungsprinzip (siehe Arbeitsblatt).

 Cool-down

- Einige Freiwillige erläutern den anderen die selbst gesetzten Ziele. Alternativ können die Jugendlichen auch in Zweiergruppen arbeiten.
- Die Jugendlichen zeichnen Pyramiden oder Türme, um Ziele im Zusammenhang mit Wut-Management darzustellen, auf die sie künftig hinarbeiten wollen – angefangen vom einfachsten (unten) bis zum schwierigsten (ganz oben).

 Zusatztraining

- Laden Sie einen Sportler ein, der den Jugendlichen erzählt, wie er sich Ziele setzt, um die bestmögliche Leistung zu erbringen. Er sollte auch berichten, wie er mit Niederlagen umgeht. („*Was muss man tun, um nach einer Niederlage wieder nach vorn zu blicken?*")
- Laden Sie einen Psychologen ein, der den Jugendlichen von den Übungen und Techniken erzählt, mit deren Hilfe sich Sportler Ziele setzen, ihr Selbstvertrauen stärken und Hindernisse überwinden.

Arbeitsblatt Workout 36

Dein Trainingsplan

Das Zielsetzungsprinzip hilft dir, persönliche Ziele zu setzen. Natürlich kann es auch von Gruppen genutzt werden, die sich gemeinsame Ziele setzen möchten, z.B. von einer Sportmannschaft.

Zielsetzungsprinzip

1. **Messbarkeit**
   Dein Ziel sollte messbar sein.

2. **Erreichbarkeit**
   Dein Ziel sollte realistisch sein, d.h. du bzw. deine Mannschaft sollte es erreichen können.

3. **Zeitrahmen**
   Lege eindeutig fest, wann du dein Ziel erreicht haben möchtest. Stecke dir also einen festen Zeitrahmen ab.

4. **Eindeutigkeit**
   Dein Ziel sollte kurz und bündig, aber auch klar formuliert sein, damit alle Beteiligten genau wissen, worum es geht.

5. **Hilfe und Unterstützung**
   Wenn du dein Ziel formuliert hast, solltest du dir überlegen, welche Personen oder Organisationen dir dabei helfen können, dein Ziel zu erreichen.

Beispiel: Ich habe mir das Ziel gesetzt, in drei Wochen die Prüfung für das Gold-Schwimmabzeichen zu bestehen. Um dieses Ziel zu erreichen, werde ich jeden zweiten Tag einige Stunden im Hallenbad trainieren. Außerdem werde ich meinen besten Freund bitten, mitzukommen und für mich die Zeit zu stoppen.

Beschreibe hier ein Ziel, das du dir gesetzt hast. Verwende dafür das Zielsetzungsprinzip. Wie wirst du dich für deine Anstrengungen belohnen, wenn du das Ziel erreicht hast?

Mein Ziel ist es, die 100 Meter unter 13 Sekunden zu laufen.

Produktiver Umgang mit Wut

Workout 37 — Infos für Trainer

Der Hürdenlauf

Vorbereitung

Bei einem Hürdenlauf kannst du testen, wie fit du bist. Die Hürden sind Hindernisse, über die du dabei springen musst. Dieses Spiel ist so aufgebaut wie ein Hürdenlauf. In diesem Spiel kannst du alles das wiederholen, was du in den Workouts 19 bis 36 gelernt hast.

Lernziele

- Den Lernstoff aus den Workouts 19 bis 36 wiederholen.
- Teamarbeit und Teamfähigkeit trainieren.

Warm-up

Stellen Sie den Jugendlichen folgende Fragen:
- Welche wichtigen Themen wurden in den letzten 18 Workouts besprochen?
- Welche Begriffe und Ausdrücke wurden verwendet?

Workout

- Teilen Sie die Jugendlichen in zwei gleich große Teams ein.
- Schreiben Sie die Namen der Teams an die Tafel oder auf ein Flipchart. Malen Sie darunter jeweils ein Oval. Dieses soll die Strecke darstellen, die die Mannschaften bewältigen müssen. Das Team, das zuerst dreißig Hürden überspringt, hat gewonnen. Sie können diese Anzahl, je nach zur Verfügung stehender Zeit, variieren. Zeichnen Sie während des Spiels die überwundenen Hürden ein.
  - Stellen Sie den beiden Teams jetzt abwechselnd Fragen von der Fragenliste. Die Spieler jedes Teams können sich untereinander beraten, bevor sie antworten. Für jede richtige Antwort werden eine oder mehrere Hürden auf dem Oval eingezeichnet.
- Die Gesamtzahl der erreichbaren Punkte (Hürden) ist jeweils in Klammern vor der Frage angegeben. Bei nur teilweise beantworteten Fragen müssen Sie entscheiden, wie viele Punkte Sie vergeben wollen.
- Das Spiel kann auch mit Fragen gespielt werden, die Sie oder die Jugendlichen sich selbst ausdenken. Sie werden auf Karten geschrieben und in eine Schachtel gelegt, aus der die Karten dann blind gezogen werden.
- Lesen Sie einem Team nur die Fragen mit den geraden und dem anderen nur die Fragen mit den ungeraden Zahlen vor, damit sie dieselbe Anzahl Punkte bekommen können.
- Kann ein Team eine Frage nicht beantworten, versucht das andere, die Hürde zu nehmen.
- Machen Sie zum Ende des Spiels hin einen „Sprint" mit den Jugendlichen. Dabei stellen sich die beiden Teams jeweils in einer Reihe einander gegenüber auf. Die Teams „sprinten" abwechselnd. Lesen Sie die noch offenen Fragen so schnell wie möglich vor. Es darf immer nur ein Jugendlicher antworten.
Das Ziel besteht darin, innerhalb einer bestimmten Zeitspanne (z.B. zwei Minuten) möglichst viele Fragen zu beantworten. Gehen Sie die beiden Reihen jeweils einmal durch.

Cool-down

- Die Jugendlichen bekommen Kopien der Fragen, die sie nicht beantworten konnten. Sie versuchen, die richtigen Antworten zu finden.

Zusatztraining

- Die Teams denken sich je 20 Fragen aus, die man für ein ähnliches Spiel verwenden könnte. Diese können dann beim „großen Finale" (Workout 38, s.S. 105–107) gefragt werden.

Wut-Workout

Infos für Trainer   Workout 37

Der Hürdenlauf

Fragen und Antworten

Die Anzahl der Hürden für die richtige Antwort steht
jeweils in Klammern vor der Frage.

1. (2) Was kann passieren, wenn man seine Wut nicht verarbeitet?
        A: Man kann gewalttätig oder aggressiv werden.

2. (2) Wut kann _____ auftreten und kann unterschiedlich
        _____ sein.
        A: in vielen verschiedenen Formen, stark

3. (3) Nennt drei Faktoren, die Menschen leichter oder schneller aggressiv
        werden lassen.
        A: erschöpft sein, krank sein, Hunger haben oder unter Stress stehen

4. (3) Wovon hängt es unter anderem ab, wie leicht wir uns ärgern?
        *A: Davon, wie viel wir über Wut-Management wissen; von unserer
        Erziehung zum Umgang mit Wut; von unserer derzeitigen körperlichen und seelischen Verfassung.*

5. (3) Beschreibt, wie es sich anfühlt, wenn man die Beherrschung verliert.
        *A: Man kann nicht mehr hören, was andere sagen; man kann nicht
        mehr klar denken; man fühlt sich wie in einem Tunnel; man merkt
        nicht, was um einen herum passiert.*

6. (1) Wie lautet der erste Schritt der „Ersten Hilfe bei Wut"?
        A: Stopp

7. (1) Wie lautet der zweite Schritt der „Ersten Hilfe bei Wut"?
        A: ausbrechen

8. (2) Wie lauten der dritte und der vierte Schritt der „Ersten Hilfe bei
        Wut"?
        A: nachdenken, besonnen reagieren

9. (5) Wie kann man bei Wut körperlich „ausbrechen"?
        *A: Indem man sich körperlich aus einer Situation zurückzieht und
        z.B. spazieren geht, Sport treibt oder irgendetwas anderes zur Beruhigung unternimmt.*

10. (8) (2 für jede richtige Antwort) Nennt vier Möglichkeiten, wie man sich
        geistig aus einer Situation zurückziehen kann.
        *A: Indem man sich in Gedanken mit etwas anderem beschäftigt (z.B.
        rückwärts zählen, konzentriert tief ein- und ausatmen, an einen ruhigen Ort denken, ein Gedicht oder ein Lied im Kopf „abspielen" oder
        sich auf einen Gegenstand oder ein Bild konzentrieren).*

11. (2) Wofür steht das „Mr." in „MR. KESSEL"?
        A: für „Musik" und „rückwärts zählen"

Produktiver Umgang mit Wut

Workout 37   Infos für Trainer

Der Hürdenlauf

12. (5)   Wofür steht „Kessel" in „MR. KESSEL"?
A: für „Konsequenzen akzeptieren", „Entspannungstechniken", „Sport treiben", „selbstbewusst auftreten", „einen friedlichen Ort vorstellen" und „lösen oder lassen"

13. (1)   Fehler haben meistens _____ .
A: Folgen/Konsequenzen

14. (2)   Wie kann Musik einem dabei helfen, seine Wut zu verarbeiten?
A: Durch Musik werden wir abgelenkt und sind ruhiger und unsere Stimmung bessert sich.

15. (3)   Warum sind positive innere Monologe hilfreich?
A: Durch sie kann man sich selbst Mut zusprechen, beruhigen oder sich auf schwierige Situationen vorbereiten.

16. (3)   Nennt drei Beispiele, bei denen Wut gerechtfertigt ist.
A: angelogen, betrogen oder bestohlen werden

17. (3)   Nennt drei Beispiele, bei denen Wut ungerechtfertigt ist.
A: jemand kommt ohne eigenes Verschulden zu spät; jemand ändert seine Pläne; jemand rempelt uns aus Versehen an

18. (3)   Nennt drei hilfreiche Reaktionen auf Wut.
A: mit jemandem sprechen, die eigenen Gefühle ausdrücken, sich entspannen, Atemübungen machen

19. (3)   Nennt drei negative Reaktionen auf Wut.
A: jemanden kränken, herumschreien, mit Dingen werfen

20. (1)   Es ist wichtig, bei Wut nicht impulsiv, sondern _____ zu reagieren.
A: besonnen

21. (2)   Worin besteht der Unterschied zwischen einer besonnenen und einer impulsiven Reaktion auf Wut?
A: Wer impulsiv reagiert, verhält sich defensiv. Wer besonnen reagiert, hat sich selbst unter Kontrolle und versucht, das Problem zu lösen.

22. (2)   Nennt zwei mögliche Folgen, die eine impulsive Reaktion auf Wut haben kann.
A: Man sagt etwas Falsches, das man später bereut; man verliert die Beherrschung.

23. (2)   Wie reagiert man selbstbewusst?
A: Indem man sich behauptet, aber auch die Rechte und Bedürfnisse der anderen Person beachtet.

Infos für Trainer   Workout 37

Der Hürdenlauf

24. (8) (2 für jede richtige Antwort) Nennt vier Elemente des „Geduld-Prinzips".
A: einen geeigneten Zeitpunkt und einen geeigneten Ort aussuchen, um mit der Person zu sprechen, die ebenfalls betroffen ist; keine verallgemeinernden Ausdrücke wie „nie" oder „immer" gebrauchen; immer nur über ein Thema zur selben Zeit sprechen; nicht übertreiben oder kritisieren

25. (8) (2 für jede richtige Antwort) Nennt vier weitere Elemente des „Geduld-Prinzips".
A: „Ich-Botschaften" gebrauchen; die andere Person nicht kränken; deutlich machen, was man ausdrücken will und wie man die andere Person versteht; über andere mögliche Standpunkte und Meinungen nachdenken

26. (1) Wann ist der richtige Zeitpunkt, um ein Problem mit jemandem zu lösen?
A: wenn beide Streithähne sich beruhigt haben

27. (2) Wie kann man ein Versprechen leichter halten, das man sich selbst gegeben hat?
A: Man schließt mit sich einen Vertrag ab, in dem man sich Ziele setzt.

28. (4) (2 für jede richtige Antwort) Nennt zwei sehr wichtige Fähigkeiten, ohne die es oft zu Missverständnissen und Fehldeutungen kommen kann.
A: richtig zuhören können, mit anderen reden können

29. (6) Zählt die sechs Tipps für aktives Zuhören auf.
A: sich dem Gesprächspartner zuwenden; offene Körpersprache; zum Gegenüber hinlehnen; nicht unterbrechen; Blickkontakt halten; angemessen antworten

30. (5) Nennt fünf Elemente des Fairness-Prinzips.
A: zu verstehen versuchen, was der andere sagen möchte; sich anhören, wie es ihm geht; einer Sache zustimmen, die er gesagt hat; deutlich machen, wie man selbst das Problem sieht; dem anderen sagen, wie man selbst empfindet

31. (6) Nennt vier weitere Elemente des Fairness-Prinzips.
A: herausfinden, welches die wichtigsten Punkte sind; mit dem anderen über diese Punkte sprechen und versuchen, gemeinsam eine Lösung zu finden; auf eine Lösung einigen; noch einmal über die Diskussion sprechen und sagen, wie ihr diese beurteilt

32. (6) Nennt drei Verteidigungsstrategien und beschreibt, wie man diese anwendet.
A: Abspiel, Rückpass, Doppelpass

33. (6) Nennt drei weitere Verteidigungsstrategien und beschreibt, wie man diese anwendet.
A: Querpass, Offensivspiel, Defensivspiel

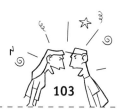

Produktiver Umgang mit Wut

Workout 37 Infos für Trainer

Der Hürdenlauf

34. (2) Was kann passieren, wenn man sich mit seiner Wut nicht beschäftigt und sie in sich hineinfrisst? (Zwei Antworten müssen genannt werden.)
A: Man ist unzufrieden, gereizt, durcheinander oder erschöpft; man geht wegen Kleinigkeiten in die Luft oder verliert die Beherrschung.

35. (3) Nennt drei Möglichkeiten, wie man aufgestaute Wut abbauen kann.
A: joggen, spazieren gehen, lesen, sich entspannen usw.

36. (3) Wut, die sich über längere Zeit aufstaut, wird meistens noch _____ .
A: stärker

37. (5) Nennt fünf Techniken, wie man Wut abbauen kann.
A: Bei dieser Frage sind verschiedene Antworten möglich. Es sollte sich aber bei allen um konstruktive Techniken handeln.

38. (1) Was ist sehr eng mit Wut verbunden?
A: Stress

39. (6) (2 für jede richtige Antwort) Nennt drei Anzeichen für Stress.
A: Man ist gereizt, wird häufig krank, hat Bauch- oder Kopfschmerzen, ist durcheinander oder hat Schwierigkeiten, sich an Dinge zu erinnern.

40. (6) (2 für jede richtige Antwort) Wodurch wird Stress oft verursacht?
A: viele verschiedene, ganz individuelle Antworten möglich, z.B.: Angst, Krankheitsfall, Unzufriedenheit mit dem eigenen Aussehen, Umzug oder Verlust eines Freundes

41. (1) Nennt ein Beispiel dafür, wie man Stress abbauen kann.
A: kontrolliertes Atmen oder Visualisierung

42. (1) Beim kontrollierten Atmen atmet man tief in den _____ hinein.
A: Bauch

43. (1) Wie haben wir die Personen bezeichnet, die uns dabei helfen, ein Problem zu lösen?
A: Beraterteam

44. (2) Nennt zwei Organisationen, Behörden oder Verbände in eurer Stadt, die Jugendlichen helfen.
A: Bei dieser Frage sind verschiedene Antworten möglich.

45. (2) Was kann man erreichen, wenn man mit jemandem über ein Problem spricht?
A: Man betrachtet es aus einer anderen Perspektive.

46. (4) Nennt vier Personen, die euch bei einer schweren Entscheidung helfen können.
A: viele Antworten möglich: Eltern, Freunde, Trainer, Lehrer usw.

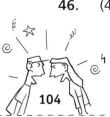

Infos für Trainer — Workout 38

Dein großes Finale

 Vorbereitung

In diesem Workout könnt ihr noch einmal überprüfen, was ihr in den 37 vorangegangenen Workouts gelernt habt.

 Lernziele

- Wiederholung des Lernstoffs
- Teamfähigkeit trainieren

 Warm-up

Die Jugendlichen sehen sich einige Minuten lang ihre Tagebücher und Aufzeichnungen an. Dann schreiben sie in ihr Tagebuch, was sie im Rahmen der Workouts gelernt haben. Stellen Sie ihnen folgende Fragen:
- Was hat euch überrascht?
- Was hat euch gefallen, was nicht?
- Was habt ihr über euch selbst und über andere gelernt?
- Wenn ihr jemand anderem einen einzigen Rat geben könntet, wie man seine Wut unter Kontrolle bekommt, wie würde der Rat lauten?

 Workout

- Teilen Sie die Gruppe in zwei Teams auf. Die Jugendlichen überlegen sich Namen für ihre Teams.
- Sie können die Fragen vom Halbzeitspiel, dem Hürdenlauf und von der Liste auf der Extra-Fragen-Seite (s.S. 106/107) verwenden.
- Die Teams sitzen sich in zwei Reihen gegenüber. Jedes Team erhält eine Punktestandkarte und wählt einen Punkteschreiber, der die Punkte des Teams vermerkt. Vermerken Sie den Punktestand der beiden Mannschaften auch mit unterschiedlichen Farben auf einer Overhead-Folie oder einem Flipchart.
- Jeweils ein Mitglied einer Mannschaft würfelt. Die Augenzahl des Würfels gibt an, wie viele Punkte das Team bei richtiger Beantwortung der Frage bekommt. Stellen Sie jetzt einem Spieler eines Teams die Frage. Kann er sie nicht beantworten, darf sie einmal an den Nächsten in der Reihe weitergegeben werden.
- Zwischendurch können Sie den Mannschaften eine der schwierigen Fragen von der Fragenliste (S. 106/107) stellen. Auf diese Weise können die jeweiligen Teams 10 weitere Punkte machen.
- Die Spieldauer wird vor Spielbeginn festgelegt. Es gewinnt das Team, das in dieser Zeit die meisten Punkte für sich verbuchen kann.

 Cool-down

- Nach dem Spiel versuchen die Teams, die Antworten auf die während des Spiels nicht richtig beantworteten Fragen zu finden.
- Die Spieler der gegnerischen Teams schütteln einander die Hand.

 Zusatztraining

- Die Teams denken sich Fragen für eine weitere Runde aus. Die Fragen werden auf Karten geschrieben und in einer Schachtel verstaut, aus der sie „blind" gezogen und vorgelesen werden.
- Die Teams denken sich ein anderes Spiel aus, mit dem das Wissen aus den Workouts getestet werden kann.
- Jeder schreibt eine Frage auf, die er bei einem Wut-Wissenstest stellen würde. Stellen Sie der Gruppe die gesammelten Fragen.
- Die Teams überlegen sich, wie man Wut-Strategien jüngeren Schülern vermitteln kann.
- Die Teams erstellen ein Brett-Spiel mit Feldern, auf denen Wut-Wissens-Fragen beantwortet werden sollen. (Die Spielvorlage kann auch als „Riesenspiel" von den Gruppen gestaltet werden. Dieses Spiel kann dann z.B. auf dem Schulhof gespielt werden.)

Workout 38 — Infos für Trainer

Dein großes Finale

Extra-Fragen

Für die richtige Beantwortung der Fragen gibt es jeweils 10 Punkte.

1. Worauf müsst ihr achten, wenn ihr eure Wut beobachtet?
   A: auf Gedanken, Gefühle und Verhaltensweisen

2. Nennt eine Strategie, mit der man Wut abbauen kann.
   A: Als Antworten sind unterschiedliche Entspannungstechniken möglich.

3. Nennt drei Verhaltensweisen, durch die andere Menschen sich gekränkt fühlen.
   A: Andere Menschen fühlen sich gekränkt, wenn man sie hänselt, ungerechte Urteile über sie fällt, mit dem Finger auf sie zeigt, sie beleidigt oder anschreit.

4. Woran merkt man, dass man sich ärgert?
   A: man ist angespannt, das Gesicht ist gerötet, man schwitzt und kann sich nur schwer konzentrieren

5. Welche drei Stufen von Wut gibt es?
   A: leicht genervt, verärgert, wütend

6. Nennt die vier Elemente des Wut-Fitness-Tests.
   A: Häufigkeit, Intensität, Dauer und Art

7. Was kann man z.B. in einem inneren Monolog zu sich selbst sagen, um zu verhindern, dass man sich ärgert?
   A: „Ich werde es schaffen", „Entspann dich", „Ganz ruhig" usw.

8. Nennt drei Beispiele passiv-aggressiver Verhaltensweisen.
   A: hinter dem Rücken eines anderen schlecht über ihn reden, ihm etwas stehlen oder etwas absichtlich kaputt machen, jemanden „schneiden"; Groll oder Rachegefühle hegen

9. Definiert den Begriff „Gewalttätigkeit".
   A: körperliche Gewalt anwenden, um jemanden zu verletzen oder einen Gegenstand zu beschädigen

10. Was passiert, wenn man die Beherrschung verliert? Nenne drei Konsequenzen.
    A: man verliert Freunde, andere haben Angst vor einem, man gerät mit dem Gesetz in Konflikt, man bekommt Hausverbot von bestimmten öffentlichen Plätzen

Infos für Trainer

Dein großes Finale

11. Welche Lebensbereiche sind oft davon betroffen, wenn man ernsthafte Probleme im Umgang mit Wut hat?
    A: Schule/Arbeit, Gesundheit, Freundschaften/Beziehung, Familie, Freizeit

12. Richtig oder Falsch? Auf Wut muss man so schnell wie möglich reagieren.
    A: Falsch. Auf Wut sollte man nicht impulsiv, sondern besonnen reagieren

13. Richtig oder Falsch? Einen Vertrag mit sich selbst abzuschließen, ist eine große Hilfe, wenn man sich selbst etwas versprechen will.
    A: Richtig

14. Richtig oder Falsch? Beim Lösen eines Problems kann es sehr hilfreich sein, zu verhandeln oder einen Kompromiss zu schließen.
    A: Richtig

15. Nennt die fünf Elemente des Problemlösungsprinzips.
    A: Problem benennen, mögliche Lösungen aufzählen, die besten Lösungen heraussuchen, sich die Konsequenzen ausmalen, bewerten.

vorher

nachher

Literaturtipps

Akin, Terri u.a.:
Selbstvertrauen und soziale Kompetenz. Übungen, Aktivitäten und Spiele für Kids ab 10.
Verlag an der Ruhr, 2000.
ISBN 3-86072-552-1

Bildungsteam Berlin-Brandenburg e.V.:
Alltagskonflikte durchspielen. Rollenspiele für den Mediationsprozess.
Verlag an der Ruhr, 2001.
ISBN 3-86072-621-8

Broich, Josef:
Entspannungsspiele. Über einhundert Gruppenspiele zu Ruhe, Bewegung, Stille.
Maternus-Verlag, 1998.
ISBN 3-88735-015-4

Davies, William:
Nur nicht aufregen!
Über Ärger, Wut und Reizbarkeit.
Huber-Verlag, 2002.
ISBN 3-456-83894-8

Drew, Naomi:
Kinder lernen zusammen streiten und gemeinsam arbeiten.
Ein Mediations- und Gewaltpräventionsprogramm.
Verlag an der Ruhr, 2000.
ISBN 3-86072-488-6

Drewe, James:
Tai Chi. Gesundheit und Vitalität durch dynamische Entspannung.
TibiaPress, 2003.
ISBN 3-935254-06-7

Faller, Kurt; Kerntke, Wilfried; Wackmann, Maria:
Konflikte selber lösen.
Trainingshandbuch für Mediation und Konfliktmanagement in Schule und Jugendarbeit.
Verlag an der Ruhr, 1996.
ISBN 3-86072-220-4

Faller, Kurt:
Mediation in der pädagogischen Arbeit. Ein Handbuch für Kindergarten, Schule und Jugendarbeit.
Verlag an der Ruhr, 1998.
ISBN 3-86072-341-3

Großmann, Christina:
Projekt: Soziales Lernen.
Ein Praxisbuch für den Schulalltag. Verlag an der Ruhr, 1996.
ISBN 3-86072-261-1

Haumersen, Petra; Liebe, Frank:
Wenn Multikulti schief läuft?
Trainingshandbuch Mediation in der interkulturellen Arbeit.
Verlag an der Ruhr, 2005.
ISBN 3-86072-996-9

Kaiser, Thomas:
Das Wut-weg-Buch. Spiele, Traumreisen, Entspannung gegen Wut und Aggression bei Kindern.
Christophorus-Verlag, 1999.
ISBN 3-419-52896-5

Krabel, Jens:
Müssen Jungen aggressiv sein?
Eine Praxismappe für die Arbeit mit Jungen.
Verlag an der Ruhr, 1998.
ISBN 3-86072-392-8

Lark, Liz:
Yoga. Mehr Energie und Beweglichkeit.
TibiaPress, 2003.
ISBN 3-935254-04-0

Mundy, Michaelene:
Wütend sein ist okay!
Ein Kinderbuch über zornige Gefühle. Silberschnur, 2004.
ISBN 3-85466-041-3

Petermann, Ulrike:
Entspannungstechniken für Kinder und Jugendliche.
Ein Praxisbuch. Beltz, 1996.
ISBN 3-407-22177-0

Portmann, Rosemarie; Schneider, Elisabeth:
Spiele zur Entspannung und Konzentration.
Don Bosco Verlag, 2002.
ISBN 3-7698-0802-9

Quante, Sonja:
Was Kindern gut tut! Handbuch der erlebnisorientierten Entspannung. Verlag modernes lernen, 2004. ISBN 3-86145-236-7

Salbert, Ursula:
Ganzheitliche Entspannungstechniken für Kinder. Ökotopia, 2006. ISBN 3-936286-90-6

Postfach 10 22 51
45422 Mülheim an der Ruhr

Telefon 030/89 785 235
Fax 030/89 785 578

bestellungen@cornelsen-schulverlage.de
www.verlagruhr.de

Es gelten die Preise auf unserer Internetseite.

■ **Was Weltreligionen zu Alltagsthemen sagen**
Aktuelle Probleme aus der Sicht von Christen, Juden und Muslimen
Michael Keene
13–17 J., 188 S., A4, Paperback
Best.-Nr. 978-386072-989-2
23,- € (D)/23,65 € (A)/36,70 CHF

■ **Was Weltreligionen zu ethischen Grundfragen sagen**
Antworten von Christen, Juden und Muslimen
Michael Keene
13–17 J., 189 S., A4, Paperback
Best.-Nr. 978-3-8346-0080-6
23,- € (D)/23,65 € (A)/36,70 CHF

■ **Konflikte selber lösen**
Trainingshandbuch für Mediation und Konfliktmanagement in Schule und Jugendarbeit
Kurt Faller, Wilfried Kerntke, Maria Wackmann
10–17 J., 208 S., A4, Paperback
Best.-Nr. 978-3-8346-0526-9
24,50 € (D)/23,65 € (A)/39,10 CHF

■ **Selbstvertrauen und soziale Kompetenz**
Übungen, Aktivitäten und Spiele für Kids ab 10
Terri Akin
10–16 J., 206 S., A4, Paperback
Best.-Nr. 978-3-86072-552-8
23,- € (D)/23,65 € (A)/36,70 CHF

■ **Der Klassenrat**
Ziele, Vorteile, Organisation
Eva Blum, Hans-Joachim Blum
Für alle Schulstufen, 165 S., A4, Paperback
Best.-Nr. 978-3-8346-0060-8
22,80 € (D)/22,40 € (A)/36,40 CHF

■ **Den richtigen Umgang mit Geld lernen**
Ein Arbeitsbuch für Schule und Jugendarbeit
Luisa Braungardt
12–19 J., 117 S., A4, Paperback
Best.-Nr. 978-3-8346-0330-2
20,50 € (D)/21,10 € (A)/33,10 CHF

■ **Berufswahl: Das will ich – das kann ich – das mach ich**
Lebensplanung spielerisch ausprobieren
Peter H. Ebner, Sabine Fritz
12–21 J., 158 S., A4, Paperback
Best.-Nr. 978-3-8346-0026-4
21,50 € (D)/22,10 € (A)/34,30 CHF

■ **Das seh ich aber ganz anders!**
Geschichten aus zwei Perspektiven: Den eigenen Urteilen auf die Schliche kommen
Lars Collmar
Kl. 7–10, 100 S., A4, Paperback
Best.-Nr. 978-3-8346-0164-3
19,80 € (D)/20,35 € (A)/32,00 CHF

Toleranz • Selbstvertrauen • Lebensplanung

Verlag an der Ruhr

Postfach 10 22 51
45422 Mülheim an der Ruhr

Telefon 030/89 785 235
Fax 030/89 785 578

bestellungen@cornelsen-schulverlage.de
www.verlagruhr.de

Es gelten die Preise auf unserer Internetseite.

■ Das Böse – ein Projektbuch
Hintergründe – Perspektiven – Denkanstöße
14–19 J., 104 S., A4, Paperback, farbig
ISBN 978-3-8346-0809-2
Best.-Nr. 60809
21,80 € (D)/22,40 € (A)/36,40 CHF

■ Zeit – ein Projektbuch
Hintergründe – Perspektiven – Denkanstöße
14–19 J., 104 S., A4, Paperback, farbig
ISBN 978-3-8346-0665-0
Best.-Nr. 60665
21,80 € (D)/22,40 € (A)/36,40 CHF

■ Alle Muslime sind …
50 Fragen zu Islam und Islamophobie
Ab 14 J., 176 S., 16 x 23 cm, Paperback, farbig
ISBN 978-3-8346-0807-9
Best.-Nr. 60807
19,90 € (D)/20,50 € (A)/33,30 CHF

■ Mit Philosophie Fragen des Alltags klären
Beispielhafte Antworten von Aristoteles bis Wittgenstein. Ein Arbeitsbuch für Jugendliche
Kl. 7–10, 211 S., A4, Paperback
ISBN 978-3-8346-0387-6
Best.-Nr. 60387
24,50 € (D)/25,20 € (A)/42,90 CHF

■ Kann ICH die Welt retten?
verantwortungsvoll leben – clever konsumieren
13–19 J., 114 S., A4, Paperback
ISBN 978-3-8346-0452-1
Best.-Nr. 60452
19,80 € (D)/20,35 € (A)/33,10 CHF

■ Alle Juden sind …
50 Fragen zu Judentum und Antisemitismus
Ab 14 J., 184 S., 16 x 23 cm, Paperback, farbig
ISBN 978-3-8346-0408-8
Best.-Nr. 60408
19,90 € (D)/20,50 € (A)/33,30 CHF

■ Spiele zur Unterrichtsgestaltung. Religion und Ethik
Kl. 5–13, 150 S., 16 x 23 cm, Paperback
ISBN 978-3-8346-0598-6
Best.-Nr. 60598
16,80 € (D)/17,30 € (A)/28,30 CHF

■ Think Global!
Projekte zum Globalen Lernen in Schule und Jugendarbeit
10–19 J., 160 S., 17 x 23 cm, Paperback
ISBN 978-3-8346-0668-6
Best.-Nr. 60668
18,50 € (D)/19,– € (A)/31,20 CHF

Urteilsvermögen • Wertevorstellung • Lebensplanung